遠離踢貓效應
親密關係修復法

擺脫負能量、學會愛的表達、練習有效對話……
修復家庭關係的第一課，從「情緒管理」開始！

王寧 著

樂律

帶上笑容再回家，拯救家庭關係的「表情管理學」！

婚姻經營 × 親子溝通 × 婆媳問題……
用「情緒管理」化解衝突，
讓家成為情感避風港，而非情緒垃圾場！

目錄

前言 PREFACE ………………………………………… 005

第一章　為什麼家變得冷漠了？找出關係疏遠的真相‥ 009

第二章　破解家庭矛盾！改善關係的必修課 …………… 043

第三章　和父母相處，其實可以更輕鬆 ………………… 075

第四章　婚姻就像一場成長旅程，學會經營才有幸福‥ 109

第五章　教孩子情緒管理，讓親子關係更親密 ………… 145

第六章　幸福家庭的祕密：學會包容與尊重差異 ……… 183

第七章　先處理好情緒，才能處理好關係 ……………… 215

第八章　好情緒，讓小家庭充滿愛與幸福 ……………… 245

目錄

前言 PREFACE

心理學上有個著名的理論叫「踢貓效應」，說的是一種因為壞情緒的傳染而導致的惡性循環。故事是這樣的：丈夫在公司挨了老闆的責罵，回到家後，心情不好的他對著還沒做好晚飯的妻子一頓抱怨。妻子不敢和丈夫爭吵，就把在沙發上跳來跳去的小孩臭罵了一頓。小孩的氣無處可撒，就狠狠踹了一腳身邊打滾的小貓。受驚的貓逃到街上，正好一輛卡車開過來，卡車司機趕快避讓，卻撞傷了路邊的行人……

於是，一個原本平靜的家庭，頓時變得山雨欲來風滿樓。從丈夫進門的那一刻起，一家人當天的幸福，就因為他的表情被毀了。為什麼進家門那一刻的情緒會產生如此大的「威力」？

我們可以用美國社會心理學家洛欽斯（A.S.Lochins）提出的「初始效應」（Primacy Effect）來解釋這一現象。「初始效應」指的是，人際交往中讓別人留下的第一印象，會在對方的腦海中占據主導地位。而家人之間雖然不是第一次見面，但「初始效應」同樣會發揮效果。因為回家，是你與家人的「再一次見面」，在這次見面中，家人會根據你的表情來判斷你這一天的狀態，並且在接下來的整個晚上，這個判斷都會在腦海裡占據主導地位，進而影響著家人的情緒和行為。

前言 PREFACE

　　有一位家庭主婦，在她的家庭中，丈夫大方和善，小孩彬彬有禮，整個家庭都充斥著溫馨、和諧的氣氛。表面上看起來，她的家跟別人的家並沒有什麼區別，除了門口掛著的一個寫有「進門前，請拋去煩惱；回家時，帶快樂回來」的牌子。

　　「你用這個牌子提醒父子兩人真的有用嗎？」有朋友好奇地問。

　　她笑著解釋道：「我並不是提醒他們，而是為了提醒我自己。有一次，我在電梯鏡子裡看到一張充滿疲憊的臉，緊鎖的眉頭、憂愁的眼睛……把我自己嚇了一大跳。於是，我開始想，小孩、丈夫看到我這副愁眉苦臉的樣子時，會有什麼感覺？接著我想到小孩在餐桌上的沉默、丈夫的冷淡，我本來認為都是他們不對，其實，我自己也有原因！第二天，我就寫了一塊牌子釘在門上提醒自己。結果，被提醒的不只是我自己，而是一家人……」

　　換了一種情緒進家門，把垃圾情緒留在家門之外，留在家裡的，當然只剩下一片平和與溫馨了。由此可見，在這塊小小的牌子後面，隱藏著大大的「表情管理」學問。我們每一個人在進家門之前，都有必要管理一下自己的表情。卸掉臉上疲憊、慍怒、憂愁的表情，更換為輕鬆、愉悅與舒展的臉龐。哪怕只是刻意地嘴角上揚，也會為家人的情緒帶來正面的影響，從而為家庭帶來正面的力量。

某天,兒子剛收到夢想中的大學錄取通知書,但上面昂貴的學費卻讓人煩惱。這時,父親回家,像往常一樣笑著跟妻兒打招呼,並笑著說:「我失業了。」之後,父親出去找工作總是碰壁,但每天回家,他都會笑著跟家人說:「差不多了。」。

父親好不容易找到一份工作,在工作時又受了傷,但他回家依然笑嘻嘻地說:「沒事,沒事。」父親的微笑給這個家庭帶來了無限的正能量,家人的心情也很放鬆。後來,一家人苦中作樂地在夜市擺地攤,終於解決了家裡的經濟問題。

所以說,無論遭遇多麼不好的事情,也別忘記向自己的家人微笑。如果發現自己的面孔很糟糕,又笑不出來,不如先別急著回家。我們可以在公園的椅子上坐一下,嚼一塊口香糖,或是把車停好,聽一下電臺的節目……

以令你感到舒適和放鬆的方式休息片刻,補充一些快樂的能量。先讓自己的情緒變得「OK」,才能帶領全家人一起「OK」!然後,關心一下家人的表情。人心情不好,當然就會寫在臉上,希望得到他人的關心。如果發現家人的表情不小心帶了壞情緒,我們不能要求對方「你要笑啊」,而是應該放下手頭的事,及時地給予關懷,這樣許多大事都會變小。

總之,只要我們能意識到回家時的表情對全家人的影響,從而換一種方式走進家門,就是帶給家人最好的禮物。

前言 PREFACE

第一章

為什麼家變得冷漠了？
找出關係疏遠的真相

第一章　為什麼家變得冷漠了？找出關係疏遠的真相

● 工作快節奏催生「奈特爾家庭」

　　澳洲社會學家伯納德·薩爾特（Bernard Salt）研究發現，在生活和工作節奏更加速的今天，由於生活成本增加、工作壓力變大，很多家庭中，夫妻兩人必須都從事全職工作才能賺到足夠的錢，甚至有不少人會選擇犧牲節假日或與家人團聚的時間去工作，導致人們的家庭收入雖然在逐年增加，但沒有多少時間享受生活，從而形成了「奈特爾家庭」。

　　「奈特爾家庭」（NETTEL Family），就是指那些收入增加，卻沒有時間享受生活的家庭（Not Enough Time to Enjoy Life）。但是，很多「奈特爾家庭」似乎對這種生活方式並不反感，甚至有不少人認為這是顯示他們成功的「勛章」。但仔細想想，這樣的生活真是「成功」的嗎？從小職員到大主管，職位高了，薪水漲了，但與家人在一起享受生活的時間卻越來越少。有句俗語「貧賤夫妻百事哀」，但你有沒有發現，自己如今明明已經脫離了「貧賤」之列，家卻越來越冷漠，幸福感不升反降了。

　　安琳是某公司高層主管，年過四十的她衣著時尚，出入有豪華座車代步，舉手投足間品味盡顯，是眾人眼中值得羨慕的成功人士。而這位成功人士身邊站著的，則是她更為成功的丈夫。她和丈夫結婚多年，兩人都是高位厚祿人士，但為了工作卻常年分居兩地，小孩基本上都是由長輩帶大，是「奈特爾家

庭」的典型代表。

安琳和丈夫的工作都很忙，而且兩人都是計劃性很強的人，他們善於排日程、列計畫，記錄著如何高效完成第二天的工作。對此，他們並不覺得有什麼不妥，反而很享受這種日程堆積的狀態。說起自家的生活水準，安琳道：「家庭厚實的經濟基礎能支持小孩去讀最好的學校，幫小孩請最好的家教。這一切看上去彷彿天衣無縫，我們甚至從沒有為了錢的事情爭吵過。」

在被事業和金錢的成功感包圍的背後，安琳的內心也充斥著無奈和遺憾。她也想要每天按時回家陪伴丈夫和小孩，但身居要職的她更多時候都身不由己。「我們結婚將近二十年了，卻更加覺得對方陌生。現在我們之間的話題好像越來越少，坐在一起除了探討長輩和小孩的話題外，幾乎再沒什麼可聊的。」安琳說。

出於某些怪異扭曲的邏輯，很多「奈特爾家庭」的夫妻都沉迷於制定每天的日程，他們認為這樣代表自己將工作和生活處理得井然有序，並且堅信，在這個物欲至上的社會，只有賺得多才是成功的代表。

可是，你有沒有想過，當別人與妻兒、父母享受家庭生活的時候，你在職場上一路爬到高階主管的位子，轉過頭來，小孩已長大，父母已老去，而你與丈夫（妻子）的感情也越來越遠，他們的生活過程你沒有時間參與。尤其是你的下一代──正在成長中的小孩，更將因為父母的忽略而深受影響。

第一章　為什麼家變得冷漠了？找出關係疏遠的真相

　　張女士是一家大型企業的業務主管，事業上可以說是一帆風順，但一提到 17 歲的兒子，她的眼眶就紅了。「我現在真想用我的事業去換回我原來的兒子。」她告訴朋友，她原本聽話懂事的兒子如今深陷網路遊戲，不但荒廢了學業，身體也因為缺少運動變得越來越差。

　　面對這種情況，劉女士一直覺得自己需要負很大責任。「他會考前那段時間，我因為公司業務繁忙經常加班，有時連續四十多天都不能在晚上十二點前回家。兒子就是在那段時間迷上了網路遊戲。」她說，如果再給她一次機會，她寧願放棄工作也要陪在兒子身邊。

　　劉女士的案例不是個案，有很多家長都有同樣「悔不當初」的經歷。一個人無論在事業上多成功，如果很少與家人共同用餐，不僅會減少家人間相互溝通的機會，更會疏遠了親情，當發展到小孩認為你只是回家來「過夜」時，那問題就嚴重了。

　　在很多人眼中，也許覺得創造更好的生活條件、物質環境，讓小孩上最好的學校，幫小孩請最貴的保母，這便是給小孩最好的「愛」。殊不知，這種做法很容易為小孩的童年埋下深深的陰影，他們潛意識或者已上升到覺得自己是被忽視的，在精神上是被拋棄的，而童年的創傷又最難以癒合，於是這種感受就會在小孩一生的成長中如影隨形。蘋果公司聯合創辦人賈伯斯（Steve Jobs）為何至死都不認他的父親呢？就是這種被「遺棄」的感受從小便進入他的大腦皮質，形成終身印記，無法磨滅。

除了對小孩的成長影響深遠,「奈特爾家庭」中的夫妻關係一般也會存在問題。成功人士或者預備成功人士覺得生命中的某些階段是可以後期彌補的,先趁年輕拚好事業才是關鍵。於是,夫妻雙方溝通少、理解少,而當問題開始顯著影響生活,他們想停下來面對自己的伴侶時,卻發現彼此之間只剩下無言、冷漠,甚至是婚姻的破裂。

因此,生活中的每個人都應該對「奈特爾家庭」保持警惕之心,避免讓自己的家庭陷入其中。對此,我們可以看看下面的情況,有幾項是符合你的?

1. 夫妻雙方每天工作十小時以上(包括通勤時間)。
2. 下班回家後的基本活動:上網、看電視或者倒頭睡覺。
3. 夫妻雙方幾乎沒有共同的興趣嗜好。
4. 父母每天陪伴小孩的時間不超過一小時。
5. 小孩基本上由爺爺奶奶、外公外婆或保母照顧。
6. 全家人聚在一起吃晚飯的時間一週三次以下。
7. 全家人難得去一次附近的公園或者郊外踏青。
8. 長期不間歇地工作導致自己出現緊張、焦慮、疲勞、頭昏腦脹、失眠、食慾不振等症狀。

如果你的家庭已有至少五項同時符合以上特徵,那麼請你開始警覺,因為你的家庭已經離「奈特爾家庭」不遠了!

詩人紀伯倫(Jubran Khalil Jubran)曾在一首詩中這樣描繪他

第一章　為什麼家變得冷漠了？找出關係疏遠的真相

所嚮往的完美婚姻：「你們的結合要保留空隙，讓天堂的風在你們中間舞動。彼此相愛，但不要製造愛的枷鎖，在你們靈魂的兩岸之間，讓愛成為湧動的海洋……一起歡笑，載歌載舞，但容許對方的獨處，就像琵琶的弦，雖然在同一首音樂中顫動，然而你是你，我是我，彼此獨立……」因此，美滿的婚姻關係是找到「獨立」和「依賴」的平衡點，而選擇平衡點的原則，是家庭利益最大化。

婚姻關係是這樣，家庭關係更是如此，不是麥芽糖一樣的「過分依賴」，也不是「奈特爾家庭」的「過分獨立」。家庭成員中的每一分子都應該結伴前行，相互扶持，讓對方的生命歷程中有你的親密參與，這才是我們需要的完美家庭。

所以，請不要繼續催生「奈特爾家庭」了！關心你的小孩，關心你的父母，關心你的伴侶，讓家庭充滿溫馨和幸福。

● 幸福總在大腦裡而非生活裡

有一個流浪漢，日夜盼望能過上幸福快樂的生活。一天晚上，他夢見了上帝。上帝告訴他說：「有件大事就要發生在你的身上了，你將有機會發一筆大財，在社會上獲得卓越的地位，並且娶到一位漂亮的妻子。」流浪漢很高興，以後的日子，他每天都在等待著這個奇異的承諾變為現實，可是卻一直沒有發生什麼事情，最後他在窮困潦倒中度過了一生，孤獨終老。

臨死前，他又看見上帝了，他十分委屈地對上帝說：「你說過要給我財富、很高的地位和漂亮的妻子。為此，我等了一輩子，卻什麼也沒有得到。」

上帝答道：「我沒有說過那種話。我只是承諾過要給你機會得到財富，一個受人尊重的社會地位和一個漂亮的妻子，可是你只是原地等待，而不去為幸福做任何的付出和努力，我給了你很多次的機會，但你都沒有把握，你只是活在自己想像的幸福中，卻忽略了現實中獲得幸福的機會。」

任何時候，一個人過得幸福或不幸福，全在自己。每個人都有追求幸福的願望和權利，但每個人對幸福的理解不盡相同，有人認為幸福是「車子、房子、金子」；有人認為幸福是「吃喝玩樂」；有人認為幸福是「跟所愛的人一起到老」……但不管幸福是什麼，每個人都有去追求幸福的自由，這也是我們人生的支撐。

第一章　為什麼家變得冷漠了？找出關係疏遠的真相

　　然而，有些人總是活在自己的想像中，他們所追求的幸福是遙不可及的美好願望，每天幻想著假如這樣的美夢能實現的話，那該是多麼幸福的場景，而對於周圍的一切，卻漠不關心。到頭來，那些想像中的幸福永遠都不會到來，因為任何夢想都不會因為你的幻想而實現，而生活中那些點滴的幸福也因為你的忽視逐漸消散。

　　閻妍結婚了，朋友都說她真幸福，嫁給了一個帥氣、溫柔且多金的丈夫。她嘴上不說什麼，心裡卻感到非常甜蜜。結婚前男朋友有時間就會接送她上下班，會在每個節日送她驚喜，甚至會在她每個月的生理期提醒她多喝黑糖水……和這樣一個男人結婚，以後的生活必然會幸福無比，丈夫溫柔體貼，自己一定也是個賢妻良母。

　　但是，現實卻給了她一記響亮的耳光，婚後的生活與想像中相差太遠了。丈夫沒有婚前那麼溫柔體貼了，加班是常有的事，柴米油鹽的生活也讓她煩躁不已，覺得自己現在就是個保母。心裡的怨氣越來越大，她和丈夫開始整日吵架，昨天因為「衛生紙用完了，你也不知道補一下」吵到深夜，今天又因為「公司又加班，你心裡還有沒有這個家」吵到現在。

　　與此同時，她的丈夫也因為閻妍的整日吵鬧心煩不已，不了解為什麼婚前善解人意的妻子，現在竟然成了這副模樣。心裡煩悶的他，寧願整日待在公司加班也不想回家。

幸福總在大腦裡而非生活裡

想要擁有幸福的家庭，需要採取積極的行動並為之付出持續的努力，不能只是一味地羨慕別人的老婆是多麼溫柔，也不能期待嫁個老公就能對自己體貼入微，更不能憧憬自己的小孩生下來就乖巧聽話。要知道愛是相互的，想要得到什麼就要付出什麼。

有時候幸福只是踮起腳尖的距離，往前一步是幸福，後退一步便是孤獨。在日常生活中，我們總會看到一些抱怨者，他們抱怨命運、抱怨社會，習慣於冷眼旁觀，把自己隱匿在自我的角落裡，把生命消耗在「坐而論道」的空談和想像中。他們往往與時代的主流背道而馳，當然也遠離了幸福。追尋幸福的你，當然不會與這樣的旁觀者為伍，而更願意做一個積極的參與者。

心理學家、賓州大學教授馬丁‧賽里格曼（Martin Seligman）為幸福下過這樣一個定義：幸福＝快樂＋意圖＋參與。他告訴人們，幸福不是空等來的，不是被動地期盼來的，而是需要你具有快樂的能力，獲取幸福的意圖，並能積極地參與。幸福是一個實在的動詞，一種行動中的狀態，一個沒有終點卻在此時此刻迸發光芒的過程。所以，我們要把幸福目標化、步驟化、動作化。否則，即便是到手的幸福，也會悄悄地溜走。

掌握成功與收穫幸福，需要我們在機會面前採取更多的行動，需要我們在生活中去發現幸福。當幸福來敲門的時候，不要再躲在想像中，而是要打開門去迎接它，進而緊緊地抓住它。

第一章　為什麼家變得冷漠了？找出關係疏遠的真相

● 過度放大自己的感受

有位農婦不小心打破了一顆雞蛋，本是一件平常的事，但農婦卻想：一個雞蛋經孵化後就可變成一隻小雞，小雞長大後成了母雞，母雞又可下很多蛋，蛋又可孵化很多母雞。最後，農婦痛苦地大叫了一聲：「天哪！我失去了一個養雞場。」

和這個農婦一樣，生活中總有那麼一些人喜歡過度放大自己的感受，覺得別人在傷害自己，比如有些小孩覺得父母不愛自己，有些妻子覺得丈夫冷落自己，有些丈夫總是覺得家人不夠理解自己等。其實，這都源於我們錯誤且不必要地放大了自己的感受。

當一個人在生活中過度放大自己的感受，對於他人對自己的不關注，就會本能地將其理解為「是他們在傷害我」。殊不知，這其實是我們自己在傷害自己。因為當一個人經常想起煩心事時，他就會一直生活在苦惱之中。

盧梭（Jean-Jacques Rousseau）曾說過：「除了身體的痛苦和良心的責備以外，一切痛苦都是想像出來的。」事實的確如此，很多煩惱和痛苦都是人胡亂思索出來的。尤其很多人總是因為一些雞毛蒜皮的事情，把自己引入一個痛苦的深淵而不能自拔，比如退休金沒隔壁老劉多，痛苦；住房沒同事張三家寬敞，痛苦；小孩的工作沒姪女好，痛苦……痛苦沒有盡頭，結果當

過度放大自己的感受

然是有百害而無一利。

而有這樣情緒的人，在處理家庭衝突的時候，當然也不能遊刃有餘，總認為其他人在欺負自己。

有一個女孩曾在部落格上說：

我覺得永遠不能原諒我的母親，在我最需要母愛的時候，她把我送給了別人，對我漠不關心，無論我做的事情是對的還是錯的，她都不管我。於是我只有靠我自己去努力，去彌補心靈上的創傷。當我渴求母親關愛的時候，我不知道媽媽在哪裡；當我摔倒痛哭的時候，我不知道媽媽在哪裡；當我迷茫時，當我不知所措時，我不知道媽媽在哪裡。都是因為媽媽的遺棄，讓我覺得卑微，處處被人看不起。

當我經歷一些事情的時候，我懂得了很多事情會身不由己。媽媽當初把我送給別人也是因為身不由己，媽媽還要照顧弟弟，忙不過來，才把我交給別人養。她的初衷是好的，希望別人能為我帶來更好的生活。的確，領養我的媽媽對我很好。但因為我擴大了母親遺棄我所帶來的傷害，所以我痛恨我的母親。

現在想想，也沒有必要，因為我過得很好，只是內心中母愛的缺失，才讓我的情緒有些不能自控。

出於對自我的保護，誰都會有這樣的時候。我們的內心很敏感，一旦我們的防禦系統打開了，即便是別人無意的言行，也會讓我們倍受傷害。此時我們要內心強大，學會理解，學會寬容。當然，我們也要懂得保護自己，並在保護自己的時候，

第一章　為什麼家變得冷漠了？找出關係疏遠的真相

控制好自己的情緒。

比如說失戀或婚姻失敗了，有人感覺自己的天都塌下來了，「再也不相信愛情了」、「對世界上的男人都絕望了」、「好女人都是別人的」……然後覺得自己想死的心都有了。但仔細想想，那個離你而去的人真的那麼重要嗎？沒有了他（她），你就活得沒有意義了嗎？答案當然是否定的。生活中通向愛情和幸福的門有許多扇，此時無情向你關閉的，只是其中一扇而已。

這個世上大部分的人都會遇到一個男人或一個女人，並與之組建家庭。當你認為自己遇到的這個人是「天底下最壞的人」時，可能也會有人認為這個人是「天底下最好的人」。如此一來，我們有什麼理由走極端，又有什麼必要放大自己的痛苦呢？

其實，生活中幸福並不少，痛苦也沒那麼多，只是我們總是記著那些不順、不開心，牢記的總是自己還有什麼沒得到，而不是想著自己已經得到了什麼。想得越多就會越不開心、愈加煩惱，痛苦的感覺也會被不斷放大、擴散，結果只能得到一個結論：痛苦無處不在。所以，當你不開心時，不妨想想自己已經得到了什麼，那你的煩惱就會煙消雲散了。

● 被家庭冷暴力侵蝕

在家庭中有一種「暴力」，它造成的傷害要遠遠超過肉體上的傷害，造成的家庭壓力也更令人恐懼，這就是「冷暴力」！

2010 年，某電視節目做了一個關於都市家庭婚姻遭遇「冷暴力」的問卷調查。著名的心理學家歷時 16 個月，足跡遍及各大城市的 2,000 多個家庭。結果顯示，有 93％的家庭對自己的婚姻品質不滿意，70％以上的家庭都有過或正處於不同程度的「冷暴力」中，而「冷暴力」出現頻率最高的家庭，都是受過良好教育且有一定社會地位的知識分子家庭。

陳曉琳大學畢業後就和丈夫結婚，如今已有十年了。兩人相敬如賓，女兒聰慧懂事，朋友羨慕有加。但是，陳曉琳卻越來越清晰地感覺到，丈夫已經不是從前那個熱情洋溢、對自己和女兒充滿疼愛的男人了。

他時常早出晚歸，回到家後也是沉默寡言，夜裡還隱約聽得到他的嘆息聲。對於陳曉琳和女兒的一些小毛病，如躺在沙發上看電視，他也越來越看不順眼，並因此與妻兒越來越疏離。面對這種家庭冷暴力，陳曉琳覺得很痛苦，卻又不知該如何解決。

冷暴力包括冷淡、輕視、放任和疏遠，而最明顯的特徵就是漠不關心、語言交流降到最低限度、停止或敷衍性生活、懶於做一切家務。婚姻是由雙方共同維繫的，如果其中任何一方

第一章　為什麼家變得冷漠了？找出關係疏遠的真相

對家庭表現出冷淡和疏遠，另一方就會感到非常大的壓力。

有句俗話說：「夫妻床頭吵床尾和。」這就是說，夫妻之間是不記仇的，如果真是在日常生活中對對方表現出冷淡、輕視，那就顯示雙方的感情開始出現某些問題。婚姻的常態雖說不可能是永遠的相敬如賓、琴瑟和鳴，但也絕非像許多人想像中那般漫長苦澀。

對此，有人認為冷暴力對於家庭的危害在於它直接破壞了家庭成員的親情聯絡，它的破壞力雖有別於身體暴力，但對於受害人的影響卻遠超過肉體的直接傷害。而受害人因為長期的壓抑，輕者導致認知扭曲，患上憂鬱症；重者造成精神分裂。對於化解辦法，他認為，一旦出現冷暴力，最好的辦法是將其由「冷」返「熱」。即從冷的方面，如言語冷淡、神情冷淡等狀態中解脫出來，重新將兩人的情感啟動（加熱），拉近關係。

鄧冉最近發現丈夫變了很多，比如回家不怎麼說話了，問他發生了什麼事也只是強硬地回一句「別多管閒事」。鄧冉被丈夫氣到，胡思亂想之下，她開始懷疑丈夫在外面有了情人。於是，她偷偷看了丈夫的手機。透過通訊軟體裡的訊息，她才知道丈夫翻天覆地的情感變化源自於工作。公司某主管辭職後，被眾人很是看好的他沒有順理成章地得到提拔，而一些同事對於他的落選反而幸災樂禍，他覺得自己很失敗。

鄧冉反思一陣子後，決定要化解丈夫的冷暴力。她的方法

就是找一些簡單的事讓他做，然後適時送上稱讚，讓他感受到自身的價值。接著，她又找出兩本記錄著兩人戀愛和結婚之初美滿生活的相簿，丈夫翻看著相簿，回憶起了很多快樂的往事。每個週末，鄧冉還會慫恿女兒纏著丈夫一起出去走走，讓他盡可能多地感受家庭生活的樂趣，同時想盡辦法讓老公展示他優秀的一面，使他充滿自信。

終於，皇天不負苦心人。三個月後的一個週末，丈夫開始向鄧冉袒露自己的心聲……就這樣，一場「家庭冷暴力」被化解了。鄧冉感慨，當初自己要是像個怨婦似的跟丈夫大吵大鬧，一定不會有好結局。

每個家庭在日常生活中都會出現各式各樣的問題，對此，家人之間應該互相理解和包容，而不是由小小的衝突演變成家庭冷戰，甚至最後反目成仇，導致家庭無法繼續維持下去。防止和解決家庭中的冷暴力，最重要的點在於家人之間的溝通與交流。要消除家庭「冷暴力」，就要家人共同努力，彼此之間互相溝通，調整生活，透過增加家庭集體活動等方式來逐步消除，重新建立起家人之間互相尊重、互相信任的和諧關係。

另外，對於家庭冷暴力，有心理學方面的專家為大家示範幾招：

1. 夫妻雙方不願說話，可以採用其他方式交流，比如傳個簡訊、寫封郵件。如果條件不允許就寫在紙上，把想對對方說的話寫下來。

第一章　為什麼家變得冷漠了？找出關係疏遠的真相

2. 如果家裡有小孩，可以從小孩的功課、工作、生活等方面的話題進行交流。如果沒有小孩，可以考慮增加一個新成員。

3. 如果有兩人都不願提的話題，可以暫時不說，轉而說一些無關緊要的問題，然後逐步進行真誠的溝通。

4. 妻子在丈夫的眼中永遠都是弱者，即使你再有能力，丈夫也有保護你的想法。去迎合他，每天要求他抱你一下，只要堅持，兩個人的感情會大有改觀。

5. 把家裡冷色調的燈換成暖色調的，在丈夫回家前將燈光調暗，回家後他會覺得非常溫馨。

總之，千萬不要對「冷暴力」聽之任之，讓其「自由發展」。面對冷暴力，家人之間應當正視問題、敞開心扉，從生活中、觀念上或感情方面選擇適當的辦法，以彼此都能接受的輕鬆話題來交流，進行推心置腹的溝通，讓彼此在對方身上感受到快樂、安慰，受到鼓勵和得到休息，以提升家庭的幸福感。

付出的愛總是不被接受

案例一

「女兒啊,昨天張阿姨幫我介紹了一個年輕人,對方剛從國外留學回來,一表人才,你去看看,合適就定下來。」

「媽,我現在還不想結婚。」

「女孩子不結婚怎麼行?媽這是為你好,女孩子再優秀,賺的錢再多,也不如找個好老公……」

「好了好了,別跟我碎念您那一套老舊觀念,我知道自己在做什麼。」

案例二

「兒子啊,大學畢業後直接到爸爸的公司上班吧。」

「不要,我想自己創業。」

「自己創立公司不是那麼容易的,爸爸都幫你安排好了,你先在家裡的公司熟悉一段時間,然後直接接爸爸的班,會少走很多彎路,爸爸那時候……」

「好了好了,別跟我說你那時候多麼不容易,我自己的路自己走。」

「我是為你好,你這小孩怎麼這麼不聽話?」

第一章　為什麼家變得冷漠了？找出關係疏遠的真相

…………

　　這樣的情景處處可見：父母明明付出了許多，用盡所有辦法去關愛子女，結果卻遭到了小孩的埋怨。是小孩不懂事、不孝順嗎？當然不是！是因為在小孩眼中，父母對自己的這份關愛並不是他們所需要的，才導致這份愛被小孩冷冰冰地擱置，而不是被他們所接受。時間一長，父母心裡受傷的同時還可能會覺得小孩「忘恩負義」，小孩也會覺得父母「整天亂操心」，彼此之間不理解，家當然越來越冷漠了。

　　之所以會出現這種情況，一方面是因為父母在付出關愛的同時，其實許多時候是在享受那種被需要、被感激的滿足感，而非真正在意子女是否需要；另一方面，父母多是從自己的角度來看待與子女之間的相處，並沒有真正了解小孩所需要的是哪一種關懷。

　　很多父母因為自己小時候生活艱難，當有了小孩後，就會想方設法地滿足小孩的需求，覺得讓小孩享受到最好的環境就是對小孩最大的愛。但真正的愛不是無原則的愛，過分關心、過分保護、無條件的愛也不是真愛。尤其面對競爭激烈的未來世界，溺愛帶給小孩的只有懦弱和無能，等待小孩的只會是失敗。小孩習慣了這樣的家庭環境，也會覺得父母並不是真的愛自己，只是在不斷滿足自己的物質需求。

　　因此，父母在給予小孩關愛的時候，不妨只給小孩一個建議。既然是建議，就不是強制的。小孩可以選擇採納，也可以

付出的愛總是不被接受

選擇不採納,讓小孩可以有自己的選擇。這就既給了小孩必要的指導,又尊重了小孩的主動性,不至於讓家庭教育陷入教條主義。

兒子大學畢業了,想和同學一起創業,爸爸說:「你剛畢業,關於經營管理方面的知識還有些欠缺。所以我建議你先去學習,如果你非要去做的話,也可以,但後果自負。」

很多人都認為爸爸對小孩真是縱容,這麼大的事竟然讓小孩自己拿主意。實際上,爸爸是在尊重小孩的選擇,並且讓他學會承擔後果。

試想一下,如果兒子創業失敗,真切地知道了創業不是那麼簡單的事,相信他以後就不會好高騖遠了。

愛的表達有很多種形式,最關鍵的是要採用小孩能夠接受的方式。比如你幫小孩報鋼琴才藝班,但小孩的興趣可能不在這方面,所以對你的安排非常不滿,結果錢花了,卻達不到預期效果;你選擇了送禮物的方式表達自己的關心,但小孩可能只想讓你陪他吃一頓晚飯,其他什麼也不要;你看小孩單身一人就催著他盡快戀愛結婚,但小孩可能更享受單身的自由。

所以,父母在表達愛意前,一定要先了解小孩是否願意接受並認同這種方式。如果小孩沒辦法接受,那就換一種小孩可以接受的方式,或是在不同場合及情況下,運用不同方式,只要你的小孩能感受到並喜歡,那就對了。

一個沐浴著父母真愛的小孩,一個熱愛父母也對別人抱有

第一章　為什麼家變得冷漠了？找出關係疏遠的真相

愛心的小孩，永遠不會悲觀，也不會覺得孤獨、寂寞、徬徨，他們將會以更好的狀態去適應社會、適應人際間的交往，他們能造就和諧快樂的氣氛，為家庭帶來幸福。

● 和家人缺乏有效的溝通

曾經有一個電視廣告，把一個三口之家晚上的生活描繪得形象至極：

傍晚時分，妻子把晚餐準備好了，正在看電視的丈夫和玩手機遊戲的兒子各自停下手中的活動，來到餐桌旁用餐。整頓晚飯三個人都沉默無語，自顧自吃飯。

晚飯結束後，妻子一如既往收拾碗筷，丈夫繼續看沒看完的球賽，兒子繼續玩沒結束的手機遊戲。這一晚就這樣過去了，三個人一起說的話也不過十句。

這個電視廣告真實地反映出，現在社會中很多家庭成員之間嚴重缺乏交流的狀況，相互之間的感情變得冷漠，失去了家庭應有的溫馨與融洽。

不得不說，現代家庭成員之間在一起交流的時間的確越來越少了。小孩抱怨和父母之間沒有共同語言，父母抱怨現在的小孩越來越難以管教。但是誰也不主動想辦法去改變這種現狀，以至於共同話題越來越少。也許你有這樣的體驗，當自己發現一件很有意思的事情，興致勃勃地跟家人講述的時候，卻發現沒有誰對此感興趣。一次兩次你也許還能接受，但每次都這樣，你也就不樂意去講了。

第一章　為什麼家變得冷漠了？找出關係疏遠的真相

　　這種情況我們也不難理解，由於年齡、性格上的差異，日常所關注的重點也不一樣。如果是這樣的話，我們不妨多了解一下家人的興趣嗜好，多找一些大家都喜歡的話題，這樣家人坐在一起才能有話說。

　　李瑤是一個不喜歡辯論、不喜歡解釋的人。就算和家人在一起，她永遠也是傾聽多於訴說，點頭、微笑、安慰，她覺得這是為了讓家人在和她說話的時候能夠暢所欲言。慢慢地，她卻發現自己和家人的交流越來越少了，甚至家裡一些需要商量的事情，家人也不再告訴她，覺得她反正只是聽聽，沒必要跟她說。

　　她很疑惑，開始反思自己，並決定要改變這種情況。之後，她開始主動參與家庭中的各種話題，並說出自己的真實想法，也會把自己在工作中遇到的一些問題說出來，讓家人提一些意見或建議，才逐漸改變了這種狀態。

　　與家人親密相處，需要彼此經常溝通，經常交換各自的心靈感受和對家庭的意見，確認並分享彼此的情感。另外，恰當的表達方式也非常重要，平和的態度、溫柔的語氣、理性的評判、幽默的表達，可以增進彼此的信任和情感交流，避免產生誤會；而命令、責備、埋怨的語氣，常常難以達到溝通效果，反而會使事情和家庭關係更加糟糕。

　　想要與家庭成員之間建立良好的溝通平臺，方法有很多，比如在週末的固定時間裡，讓家庭成員坐下來一起聊天，聊聊最近發生的事情，分享彼此最近的工作、生活感受，以及心理情

緒的變化。這樣不僅可以促進彼此之間的情感交流，還能夠了解彼此的想法、個性志趣、價值取向等動態，拉近彼此的心靈距離，減少不必要的誤會。

　　身為家庭的一分子，應該習慣主動向家人傾訴自己的心聲，表達自己的觀點，同時也要耐心傾聽家人的感受，偶爾讚美一下身邊的人。透過這種情感上的互動來促進家人之間的溝通和交流，讓彼此的感情更加深厚。當家中遇到重大事件的時候，或者有需要家人共同解決的問題時，可以召開家庭會議，大家坐在一起出謀劃策，更有助於找到解決問題的方法。同時也能最大限度地激發家庭成員的愛心和責任感，增強家庭的凝聚力。

　　總而言之，美滿家庭，是需要用心並花時間去經營的，其中，家庭中的有效溝通是家庭和睦的關鍵。每天盡量抽出一定的時間陪伴家人，分享、傾訴當天的事情，同時多聆聽家人的感受，相信在不久的將來，我們就會從家庭生活中獲得更多的快樂和幸福。

第一章　為什麼家變得冷漠了？找出關係疏遠的真相

● 受童年生活的影響

　　每個人都有屬於自己的童年，但是，當你回想你的童年時，會有什麼樣的感覺呢？也許有些人會不假思索地回答幸福；有些人已經不記得自己的童年是怎麼樣的了；還有些人的心裡可能會「咯噔」一下，然後不禁泛起一身雞皮疙瘩。之所以會如此，是因為每個人童年的經歷會對自身的心理建構發揮主體性的作用，以至於童年留下的陰影，影響著自己一生的幸福。

　　江華有個性格奇怪的同事，她話不多，也不喜歡和別人接觸，並且獨立得驚人，好像生活裡不需要任何人幫忙。她外表很文靜，內心卻總是暴躁不安。比如一次快遞運送出了些問題，她和快遞員打電話交流的聲音，吵到樓下的同事都上來看看是怎麼回事；比如當別人不經意靠近她或遞給她東西時，她都會下意識閃躲，好像別人會打她一樣。

　　後來，江華偶然了解到她的這些奇怪行為並不是沒有理由的。

　　那天，江華遠遠看到她在一個角落裡打電話，情緒並不好，隱約聽到她對電話裡的人說：「你直接報警吧，我真希望他去死！」掛了電話之後，她就坐在樓梯上發呆。江華想了一下，安靜地走到她旁邊坐下，陪她發呆。不知道坐了多久，她開口說話了，其中兩句話讓江華留下了十分深刻的印象：

　　「從小我爸媽感情不好，經常吵架，砸東西。我爸是酒鬼，

一喝醉就像發瘋一樣打我和我媽，手裡有什麼就拿什麼打，皮帶、擀麵棍、小板凳……

「我從小就好強，想保護我媽，強大到好像什麼都能做，其實我也很無助、很害怕……我不信任這個世界，更沒安全感，甚至別人不經意的動作，我都以為是要打我……真希望結婚的人都想清楚，不要禍害小孩。」

因為從小在父母的爭吵中長大，因為想要保護媽媽，因為經常被喝醉酒的爸爸打，所以這個女孩在原本應該無憂無慮的年紀就開始承擔家庭的煩惱，學會了面對現實。她恨家人，甚至恨婚姻。童年時的那些傷害就像影子一樣，隨時跟著她，甚至影響著她的自我評價、人際關係、情緒管理……

心理學上有一句名言：「成人的情感是對以往經歷的再編輯。」與俗語「三歲看大，七歲看老」正好相對應。可能你會以為，這只是一句口耳相傳的經驗之談，毫無科學根據，其實並非如此。

美國奧勒岡大學等機構的學者透過比較研究發現，人的性格在最初的童年時期就能形成，我們可以從六七歲小孩身上預測出他成年後的一些行為。英國詩人約翰・米爾頓（John Milton）曾在他的名著《復樂園》（*Paradise Regained*）中說：「童年中預告了成年，就像清晨預告了白天。」說明了童年對人生的重要。醫學心理專家在調查和分析大量精神心理方面的患者後同

第一章　為什麼家變得冷漠了？找出關係疏遠的真相

樣發現，很多青少年或成年人的心理病態，大多起源於兒童時期甚至嬰兒時期。

一個人從呱呱落地的時刻起，便和父母形成了一個不可分割的三角關係：父、母、小孩。在那些接觸人際往來的最初歲月裡，小孩感覺父母之間的互動，分別學習和父親、母親建立關係：有親密、有疏離，有接受、有拒絕，有愉悅、有沮喪。小孩也開始學習建立面對不開心和脆弱的方式。這些方式都是小孩在最初的家庭關係中，為了生存和保護自己而習得的，並沒有好壞之分。

比如一個小孩發現討好父母、順從大人可以得到讚賞，可以贏得別人的喜愛，那這種方式就會深深地印在他的觀念和行為裡，一直到成人，無論是在自己建立的家庭裡，還是在工作中，他都會採用討好的方式。而他也許沒有意識到，這種方式也要付出代價：永遠把對方放在第一位的態度，就會讓一個人失去自我，當討好不成時，只好壓抑自己的情緒。而長期的壓抑會導致我們的消化系統出現潰瘍、腹瀉、便祕和嘔吐等問題。

再比如一些小孩總是用大哭或者大聲指責讓別人害怕的方式來保護自己，「都是你的錯」、「要不是你，我會過得更好。」但這種爆發性的態度很可能會阻隔小孩與別人建立良好的關係。

總而言之，當一個人的反應模式在幼年的家庭生活中開始被培養以後，就會一再地在不同的情境下重複出現。因為人們

在熟悉了一種處理壓力的方式後,就會反覆使用,所以不管是童年,還是成年,在課業、生活、工作等很多方面,這種反應模式都會自然而然地出現。

可見,童年時期的家庭幸福感對人的一生都會產生重要的影響。如果一個小孩沒有幸福的童年,感受不到家庭的幸福,他很可能就無法獲得幸福的人生。

第一章　為什麼家變得冷漠了？找出關係疏遠的真相

● 走不出「原生家庭」的陰影

所謂「原生家庭」，指的是自己出生、成長的家庭，一般由父母、兄弟姐妹、爺爺奶奶或外公外婆組成。在人的一生中，對我們影響最早、最大、最久的就是原生家庭。原生家庭是個人情感經驗與兩性相處方式學習的最初場所。一出生，我們就開始受到原生家庭成員的影響，尤其是父母的觀念、性格特點、行為方式、夫妻關係、教養方式等，更是潛移默化地影響著我們。

相關研究顯示，單親家庭長大的小孩其婚姻生活大多也會不順利，離婚率較高。這也許是父母離異在他們幼小的心靈中產生的影響，使他們對婚姻產生了懷疑。研究還發現，父母離異或父母經常吵架的家庭中，子女成年後也很容易離婚，非常易放棄本可挽回的婚姻。

李先生今年40歲，前段時間，與他共同生活了12年的妻子向法院起訴離婚，要求解除雙方的婚姻關係。即使到現在，李先生也不了解妻子為什麼非要離婚。

其實原因很簡單，李先生是個成長於單親家庭的小孩，從小父母離異，只有一個姐姐，在這個家庭中，他是母親的希望，在母親和姐姐的嬌生慣養下長大的他，從不知道該如何疼愛自己的妻子和女兒。

走不出「原生家庭」的陰影

他把妻子當作自己的私有財產,經常打罵妻子,更不知道妻子在想什麼,需要什麼。對於女兒的要求,他也不屑一顧,他不會做丈夫,也不會做父親。而他的妻子也成長於一個單親家庭,覺得離婚沒什麼大不了的,一段不幸福的婚姻根本沒有挽回的必要。於是,這段婚姻就這樣結束了。

大多數不幸的婚姻都有一個共同原因,就是走不出「原生家庭」的陰影,複製父母的婚姻模式,無力擺脫婚姻中遇到的困境,甚至重演父母的悲劇。人一生一般有兩個家庭:一個是自己出生、成長的原生家庭,另一個是進入婚姻生活後所建立的家庭,也就是可以自己「當家」的新生家庭。原生家庭的文化氛圍是平等還是控制、完美主義還是順其自然、公平交流還是指責謾罵、暢所欲言還是不准表達,這些都影響著每一個家庭成員,對他們的人格成長、人際關係、管理情緒的能力有著深遠的影響。

另外,原生家庭對於每個人的影響是長期的,有時候我們甚至意識不到原生家庭的陰影對我們的婚姻模式或者家庭的影響和破壞,結果就有可能由我們把父母不良的婚姻模式,在自己的家庭裡重演,然後繼續傳給下一代。陰影就這樣一代代傳遞著。

父母親的身教和言教像空氣一樣,存在於我們生活的每時每刻。我們一天天長大,一點點學會了如何看待、解釋事物,如何體會、表達情緒,如何與別人互動。家庭的文化環境薰陶

第一章　為什麼家變得冷漠了？找出關係疏遠的真相

著每個成員，原生家庭中所發生的一切，都在影響著新生家庭的生活。

阿銘和蘇玲都是「八年級生」。阿銘從小頑皮，他的父母因為忙於做生意，對他疏於管教，如果他做錯了事，必定會被暴打一頓。而蘇玲的父母一直很恩愛，對她的照顧也是無微不至。比如每天早晨，媽媽在替蘇玲把窗簾拉開之前，都會輕吻一下她的額頭，然後告訴她，「媽媽要拉窗簾啦」。

長大後，獨立的阿銘遇到了溫柔的蘇玲，兩人戀愛後很快步入婚姻的殿堂。戀愛時，阿銘很喜歡蘇玲的溫柔可愛，覺得她是這個世界上最陽光的女孩。蘇玲則喜歡阿銘的獨立，覺得他非常有魄力、有想法。

但是，當他們結婚後，蘇玲卻發現阿銘變得很粗暴，每天早上連說都不說一聲就把窗簾拉開了，也從不像父母那樣天天親吻對方。而阿銘卻覺得蘇玲好麻煩，對自己的要求太多。於是蘇玲覺得阿銘不愛她了，阿銘也覺得蘇玲不如之前那樣善解人意了，彼此間漸漸出現了很多衝突……

我們經常聽到這樣一句話：「因為吸引而相愛，因為了解而分開。」案例中的蘇玲從小在父母的呵護下長大，所以她渴望獨立，這點她從阿銘身上看到了。而阿銘從小缺失父母之愛，他也從蘇玲身上找到了，但是他並沒有意識到自身有著「處理問題簡單直接」這個父親留給他的烙印。很多人和戀人結婚後可能都會抱怨，「我的伴侶不像以前那樣愛我了」或者「我的伴侶不像

我愛他那樣愛著我了」。可是，我們對自己是否真的很了解，還是個很大的問號。

如果在我們情緒、認知、行為發展的過程中，原生家庭沒有讓我們學到情緒的辨識以及適度表達的方法，沒有學會客觀地看待和評價事物，沒有學會良好的行為模式，長大以後也許我們依舊會偏激、任性、缺少彈性，自我覺察和感同身受的能力會離我們很遠。

不同的原生家庭，家庭文化、關係模式、家庭規則當然不同，兩個來自完全不同的原生家庭的人，帶著各自家庭的影子組成新的家庭，如果沒有意識到這種差異，也處理不好這種差異的話，就會演變成心力交瘁的生活悲劇。心靈回溯，在婚姻中成長，了解彼此過去的心理歷史，有利於為新生家庭開創一個美好的未來。

你的幸福、快樂掌握在你自己手中，所以我們不應把原生家庭當作不肯成長、改變的藉口。過去原生家庭中發生的一些事情，你不需要負責任。但是，從今天開始，你所做的每一個選擇，都要自己負責。請記得：每對父母都正在為自己的子女創造原生家庭！為了小孩的健康成長以及未來幸福，所有父母都應努力營造一個幸福的家庭環境。

第一章　為什麼家變得冷漠了？找出關係疏遠的真相

● 留守兒童的家庭缺少溫情

在艾倫・摩爾（Alan Moore）的《守護者》（*Watchmen*）中，守護者具有一種與生俱來的神祕氣質，隱身現實之中，卻不被重視。對於成年的守護者，守護可以當作是一種享受孤獨和自由的過程，但是當這個詞用在小孩的身上時，卻注定會成為一個悲劇。守護的小孩們，眼中經常閃爍的是一種可憐的、渴望父愛和母愛的孤獨感。

留守兒童都是家的守護者，守護著爸爸媽媽，守護著一年中難得團聚的那幾天。而今天的留守兒童早已不再局限於父母雙方或一方外出工作，自己留在鄉下生活的小孩，很多大都市中也湧現出了大批「都市留守兒童」。他們的父母由於工作在外地或者出國深造，將小孩留在一個陌生的城市或者丟給爺爺奶奶照顧。小孩們只能早早地習慣孤獨，習慣沒有父母陪伴的守護生活。

有這麼一個小孩，他從6歲起便進了當地頂尖的貴族寄宿學校，一週5天，在學校裡吃穿住用。這所學校師資不算頂級，但也是非常棒，但小孩每次見了父母都不是很親近，總覺得有些隔閡。小孩的性格很剛毅，自己的事情從來都是自己解決，不和父母商量，好像父母只是一個名義上的親人，並不會為自己得到生活上的幫助。

留守兒童的家庭缺少溫情

很多人可能覺得,這樣的小孩也不錯,性格獨立,能早早在現代社會上立足。但長期的寄宿生活使得小孩無法及時感受到生命中不可或缺的親情的溫暖,並逐漸形成「自己的生活是最主要的,父母只是自己的『假日親人』」這樣的認知,進而養成一種面對親情冷漠的習慣。

從心理學上分析,這是小孩長期的寄宿生活造就的親情疏離,小孩在學校裡從來只需要考慮自己,而週末回家的時候父母真正陪小孩的時間又很少,如此導致父母與小孩情感交流時間更加減少。長此以往,處於性格塑型期的小孩,就會將家人看作是每到週末才出現一次的最熟悉的陌生人,對「家」或者是「家人」的意義,小孩一無所知。

有些家長可能覺得,把小孩送進全寄宿制學校,有同學、老師的陪伴,他們應該不會孤獨了吧,還能培養社交能力。然而學校師生的交流不能代替父母的陪伴,缺少了一個由家庭走向學校、再由學校走向社會的過程,其後果是讓小孩缺少自我認知能力。同時,缺少父母鼓勵和責罵的他們,很可能會導致自卑或自負的心理。

徐果的父母長年在外工作,有一次獨自過完兒童節後,他在日記本中寫道:「我多希望有媽媽天天噓寒問暖,委屈時可以撲向父母的懷抱大哭一場,生病時有父母陪我一起度過難關。很多人抱怨自己的爸爸媽媽嘮叨個沒完,而我卻覺得,如果能有父母的隨時陪伴,即使挨打受罵也甘之如飴。」

短短的幾句話讓人看了難過,在其他小孩看來非常正常的

第一章　為什麼家變得冷漠了？找出關係疏遠的真相

要求，對他而言卻是奢望。在這個需要父母呵護的年紀裡，因為他們的基本需求得不到滿足，從而產生了一種父愛、母愛的缺失，是導致留守兒童產生自卑心理的第一大原因。父母在小孩成長的每個階段都扮演著不可替代的角色，如果小孩缺乏這一關鍵性角色的關愛，將對他的成長非常不利。

但是，基於現實狀況，有的父母可能必須離開家庭。假如你不得不讓你的小孩做一名留守兒童，那請做好你與小孩的溝通工作，就算不能陪伴在小孩的身邊，至少利用其他途徑給予小孩最基本的照顧和心理滿足。而溝通是「重質不重量」的，你可以在出差時，不時傳個簡訊或者打個電話給小孩，讓小孩感受到你對他的關愛。

敬業的父母形象在小孩眼中亦是非常正面的，當你在工作中有所成就時，將你的成就與小孩分享，讓他知道這是父母辛苦的結果。不要總覺得小孩還小，什麼都不懂，小孩的眼睛是雪亮的，心更是透亮的，他們了解父母的辛苦，你以身作則，他們也會在今後人生裡以你為榜樣。

除了父母的關愛和溝通之外，學校的教育環境對留守兒童的成長也發揮至關重要的作用。畢竟對小孩來說，學校是日常活動的主要場所，也是培養小孩有一個健全人格的重要場所，是小孩心目中的「第二家庭」。因此，學校也要肩負更多的教育責任，盡可能滿足小孩對家庭溫暖的心理需求。教育小孩的同時為小孩營造家的氛圍，讓他們感受到關愛，彌補家庭教育的不足。

第二章

破解家庭矛盾！改善關係的必修課

第二章　破解家庭矛盾！改善關係的必修課

● 改變應對態度，打消婚姻焦慮

　　陳鋒和女朋友的感情很好，他很愛她，非她不娶，女孩也表示非他不嫁。但是，一談到結婚，女孩便開始敷衍，什麼「我最近忙」、「過兩年吧」、「今年不適合結婚」……

　　陳鋒知道女朋友對婚姻有點緊張，擔心以後可能會出現各種情況，他願意給她一些時間。但兩年時間過去了，陳鋒依然沒有打消女朋友對婚姻的焦慮，他所預料的幸福生活在女朋友眼中都沒什麼意思。比如他覺得結婚後兩人可以一起去買菜煮飯，或者生一個可愛的寶寶，或者一起與家人團聚，都是非常幸福的事情。但女朋友卻認為這不是幸福，也不願意去面對以後家庭中的繁瑣事務以及在家庭中應盡的義務。

　　陳鋒真的很愛他的女朋友，想要和她組建一個幸福的家庭，然後兩人攜手走過一生。但看到她眼底的牴觸，他不知道該怎麼辦才好。

　　一般情況下，女性更容易產生婚姻焦慮。婚前，女人總是對婚姻充滿期待和憧憬，婚姻對她們來說擁有無盡的吸引力和誘惑力。但是，當婚姻來臨的時候，她們又有點猶豫不決，甚至擔心、害怕。如何應對以下可能產生的婚姻焦慮症呢？準備邁入新婚生活的朋友可以參考以下應對策略。

擔心婚後沒有自由

應對策略：克服心理障礙，不要把注意力過多地放在婚姻上。

如何克服心理障礙，關鍵要看你自己是否想改變。在一段愛情生活的初期，單身慣了的人可能會有許多的不習慣，比如討厭兩人天天相對，討厭生活瑣事等等，但無論如何，都不要輕言放棄。

心理學家為我們詮釋了一種正面、光明的方向──改變是可能的。當我們處理生活中各種紛繁複雜的關係，如夫妻關係、親子關係、與同事或老闆的關係等時，總會遇到不如意的事。從不如意到如意的改變，雖然有來自外在環境的變遷，但更多的是來自內在感受、應對態度的改變。所以，在婚前產生焦慮時，不妨認真考慮一下：自己真的準備好改變了嗎？如果有足夠的心理準備，預先接受了最壞的結果，也就沒什麼好擔心的了。

認為婚姻是愛情的墳墓

應對策略：與其整日擔心婚後愛情熱度不在，不如多做浪漫的事情增進夫妻感情。

「婚姻是愛情的墳墓」，這句話是大多數剛步入婚姻殿堂的人最擔心的事情，想要消除這個顧慮，需要了解婚姻和戀愛的區別。婚姻生活和戀愛不同，戀愛的時候可以不問柴米油鹽只

談風花雪月，結婚後卻要共同面對平淡的家庭瑣事，當然不可能每天都追求浪漫。

想要避免婚後對平淡生活產生的厭倦感，需要降低你對婚姻生活的心理預期，不要天真地認為蜜月真的比蜜還甜，同時也應該清楚地理解到，新家庭誕生的同時，也意味著負擔的加重，意味著雙方要為家庭盡力盡責，盡自己做丈夫（妻子）的義務。

擔心對另一半不夠了解

應對策略：男女雙方需要不斷地加強相互之間的了解，加深感情，這是最重要的婚前心理準備。

這項準備如果不充分，其他準備再完備也不能保證婚後生活美滿幸福，縱然婚前物質準備充足，亦難以維持夫妻間的恩愛關係。建議準備結婚的雙方應多了解一下再結婚，或者婚前長談一次，盡可能地增進了解，這樣或許可以消除對未來婚姻的恐懼感。

擔心結婚後會影響工作和前途

應對策略：多看一些職場成功女性的案例，學會有效的時間管理，消除顧慮。

生子是一個女人的必經階段，如果說 22 歲的女子是靠青春和活潑博得好感的話，一個 28 歲的女人則需要展現穩重和能

幹。一個成熟女子為了工作而不結婚是完全沒必要的，正常的婚育應該是公司和個人都應該考慮的問題。

　　消除婚姻焦慮關鍵還在自身，應主動改變自己對婚姻的態度，然後根據自身的情況，克服心理障礙，才能迎來甜蜜的婚姻。

第二章　破解家庭矛盾！改善關係的必修課

● 建立情感帳戶，避免情緒衝動

「跟你親近我就受傷，不跟你親近我又孤單。」這一現象被婚姻專家、心理學家黃維仁稱作「現代人的兩難」。兩個人因為不了解而在一起，卻又因為了解而分離。正如〈廣島之戀〉中唱的那樣，「只要今天不要明天，眼睜睜看著愛從指縫中溜走⋯⋯願被你拋棄，就算了解而分離⋯⋯」

對於這種戀愛通病，一個很好的處理辦法就是 —— 建立兩個人的情感帳戶，不斷地進行愛情「存款」，豐富你的「愛情銀行」，這些局面就可以扭轉。因為豐富的「存款」足以幫助你安定情緒。這樣，你在解決衝突的時候，就不太容易情緒衝動，而是更願意為對方改變、調整，並主動做些有建設性的事情，也就是說用一個「存款」帶動更多的「存款」。

「情感帳戶」這一概念，是美國心理學家威拉德・哈利（Willard Harley）提出來的。他認為，我們在銀行存款時，總是會根據實際財政狀況和存款數目的多寡，很有針對性地選擇存款的方式，做到準確又高效。情感存款也應如此。根據對方的需求準確合理地選擇雙贏的存款模式。存款的過程是一個重新點亮自我的過程。先解決心情再解決事情，只有先認識自己，了解自己的情緒，才能體會別人。「情感帳戶」中具體的內容包括以下幾點：

存款：讓對方開心，感覺被欣賞、被認可，或是做了一些讓對方高興的事。

提款：讓對方哭、受挫折、受痛苦，覺得被誤解、被責罵、被傷害。

存款豐厚：很多小問題可以被原諒。使大事化小，小事化了。

債臺高築：如果銀行裡已經赤字連篇、債臺高築，任何一點小事，都可以變成大事。

精心的安排：不虛度跟對方在一起的時光。比如一起聊天、看電影、做公益、煮飯。

精心的禮物：重點是在精心，而不在於花多少錢。下班回來，順路買他經常看的雜誌或是她喜歡吃的甜點。

服務的行動：喜歡為對方做任何事，比如看到他（她）累了，你會很體貼地幫他（她）倒杯茶。

身體的接觸：美國一位著名的情感專欄作家曾經針對一萬名美國女性做過一項調查，結果顯示，絕大多數女性非常需要而且喜歡親密的擁抱，也就是說非性的擁抱讓女人更加容易感受到愛意。

認可的言語：就是讚美的話。看到對方的優點，就稱讚他（她）。

其中，語言表達是非常重要的，也是中國人表達愛意最弱的一環。因為很多人在表達愛的時候，都習慣用行動。但是，光

第二章　破解家庭矛盾！改善關係的必修課

用行動，對方可能沒有辦法感受到。所以，除了行動之外，我們還需要語言上愛的表達。尤其是在家庭關係中，最常見的問題就是我們習慣藉著責罵改變對方，但努力責罵的結果往往是對方努力叛逆。對此，有心理學家曾說：「唯有當一個人感受到愛的時候，他才會努力超越自己的習性，去做發自內心的、永續性的改變。」

丈夫和妻子約定要建立情感帳戶，一開始彼此都很不習慣，後來漸漸發現情感帳戶沒有想像中那麼難。

今天妻子幫丈夫買了條新領帶，於是情感帳戶又增加了一筆收入，丈夫因為工作不順回來發了脾氣，於是情感帳戶就會有一筆支出。年底的時候，夫妻兩人把「情感帳本」拿出來「對帳」，發現之前好多生氣的理由都是雞毛蒜皮的小事，記錄下的動人的小細節倒是讓彼此都很感動。最後算下來，情感帳戶裡存款不少，夫妻兩人都很開心。

因為情感帳戶，妻子開始意識到，當對方做錯事情的時候，他已經覺得很心虛、理虧。如果不談這件事，原諒他，這就是一筆大存款。

丈夫也了解到：「當她向我抱怨時，我知道她需要的是鼓勵。以前，我一定會說，你做得都這樣糟糕了，我找不到什麼可以稱讚的地方。但是現在我會先用鼓勵的方式客觀地談一談這件事，然後幫她一起想辦法。有了這個存款的練習後，我不再關

注對方不好的地方。當你捕捉到那些曾經忽略掉的美好時,你的生活也會變得很美好。」

大部分夫妻相處時間長了,並不是沒了感情,而是失去了親密感。而情感帳戶中的存款練習則是幫你找回親密感很好的方式,把存款和提款都記錄下來,你會發現情感帳戶中的許多提款都可以盡量避免,從而減少提款,增加存款。這種方式看似不起眼,但經過不知不覺的累積,就會變成意義深遠的鉅額存款,許你一個踏實幸福的未來。

第二章　破解家庭矛盾！改善關係的必修課

● 發現對方的優點，讓感情保鮮如初

在《愛的五種語言》中有這樣一個故事：

畢歐和白蒂玖住在圍著白籬笆、有青草地和鮮花怒放的房子裡，看上去寧靜宜人。但是，進了房子以後才發現，他們的婚姻生活一團糟。結婚十二年，有兩個小孩，他們卻總是覺得奇怪，當初他們為什麼會結婚。

他們似乎總是意見不合，唯一相同的就是兩人都愛小孩。畢歐是個工作狂，他只留給白蒂玖一點點的時間；而白蒂玖上半天班，主要目的是不想悶在家裡。他們應付問題的方法是退縮、試著保持距離，所以他們的衝突不會顯得太激烈。但在兩個人的愛情儀表箱上，卻都標示著空竭。

後來，心理諮商師給了他們一個建議，就是將對方身上一些你喜歡的部分口頭表達出來；同時，對不喜歡的事，抑制住抱怨；並教了一遍那些他們曾經說過的稱讚對方的話，還分別幫助他們為那些優點列了一張單子。畢歐的單子集中在白蒂玖做母親、管家和廚師的活動上；白蒂玖的單子則集中在畢歐的努力工作和對家庭的財物供應上，他們的單子都寫得盡可能地明確。心理諮商師建議他們，在接下來的幾個星期中，繼續在單子上新增他們注意到的其他事。

兩個月以後，心理諮商師發現，他們在相處的態度上前進了一大步。白蒂玖稱讚畢歐努力工作和供應家用，讓畢歐覺得自己又像

個男人了；而畢歐給妻子的口頭稱讚也讓對方感受到了他的真誠。

　　一場婚姻既是終點也是起點，兩個人多年的情感，在建立婚姻時綻放出最迷人的光彩。但結婚後兩個人真的會如自己當初所期待的那樣嗎？現實是，結婚後雙方的缺點都在彼此面前暴露無遺，比如他睡覺的時候喜歡打鼾、不喜歡洗襪子，她做的飯很難吃、喜歡賴床等。

　　但是，無論此時你是如何看待你們這段婚姻的，都要用正面的心態去面對。對方的毛病，你能勸他改過來的最好，改不過來的只能選擇接受。但與其忍受他的缺點，不如去發現他的優點，並對其開口稱讚。

　　馬克・吐溫（Mark Twain）說過：「一句稱讚的話，可以讓我活兩個月。」可見，口頭的讚揚或欣賞式的話語，是增進感情的有力溝通工具。這正如薩提爾（Virginia Satir）理念中提到的，治療需要把重點放在健康及正向的部分，而非病理負面的部分。「發現優點法」在很多時候都能發揮作用，尤其在激勵方面。

　　一位女士叫丈夫粉刷臥房，要求了他幾個月，試過了各種方法都叫不動他。最後，要求演變成了嘮叨和埋怨，而丈夫在聽到「我真不了解你，今天是粉刷臥房最理想的日子，你卻在這裡洗車、打蠟」這類語言時，更加不願意去粉刷牆壁了。

　　後來，這位女士接受了心理諮商師的建議，沒有再多說粉刷的事，而且在丈夫做其他事的時候，還進行了口頭上的讚美。例如當他把垃圾袋拿出去時，她會說：「我真的很感謝你把

第二章　破解家庭矛盾！改善關係的必修課

垃圾袋拿出去。」而不是說：「該是你拿垃圾袋出去的時候了，否則蒼蠅要替你拿出去了。」

同樣，當他付電費的時候，她也會把手放在他肩頭上說：「老公，我真感謝你去付電費。我聽說有的先生不做這些事，我要你知道，我有多麼感激你。」在每一次他做好事的時候，她都口頭上讚賞他幾句。幾個禮拜以後，她發現丈夫變得更加正面，彼此的感情也更好了。

透過這個例子不難看出，口頭的讚賞比嘮叨、挑剔的話更能激勵人。

夫妻之間要學會相互欣賞，要學會欣賞她（他）的優點，不時地給予讚美，不要老盯著對方的缺點。比如妻子辛苦炒了一桌子菜，丈夫要帶著欣賞、讚美、感激的態度去享受，可以不失時機地說：「老婆的手藝就是好，炒出的菜就是好吃。」她的心裡一定會很受用，做事的積極性也會更高。

為什麼會這樣？因為愛的目的，不是得到你想要的，而是為了你所愛之人得到幸福。當我們聽到認同的言辭，就會得到激勵，願意回報，做一些伴侶喜歡的事。

有心理學家將婚姻中的讚美、認同統稱「愛的語言」，每個人接受伴侶「愛的語言」各不相同。透過語言告訴伴侶你對他的欣賞和讚美，即使是甜言蜜語拍馬屁，也是非常有效且重要的愛的語言。而這也印證了心理學家威廉・詹姆士（William James）說的——人類最深處的需求，就是感覺到被人欣賞。

對方與你爭辯，把勝利讓給他

　　牙齒免不了有咬到舌頭的時候，夫妻生活在一起，產生爭執也是無法避免的。當兩人吵架時，無論誰輸誰贏，實際上都沒有贏家，雙方都是輸家。因此，當兩人萬不得已吵架時，會吵架的人最多只是「點到為止」，句句為對方留餘地，讓對方有臺階可下，從不想要「贏」。不會吵架的人卻時時想把對方「趕盡殺絕」，而這種吵架方式對家庭的和諧發展是非常不利的。

　　一直以來，何軒因才思敏捷、邏輯清晰、口若懸河而贏得了許多掌聲。他和妻子的相識相戀，也是因為一場辯論賽。據說，當他對自己的觀點侃侃而談，辯得對方無話可說時，妻子當時覺得他充滿了魅力。

　　但是，在兩人結婚後，他的這一優點卻差點成了兩人婚姻破裂的導火線。原來，何軒在家裡也喜歡跟妻子爭辯，尤其是當兩人意見不同的時候，非要把妻子講到啞口無言才罷休。

　　一次兩次還好，次數多了妻子就不願意了。「我是你的老婆又不是你辯論場上的對手，你有必要一點小事就和我爭個不停嗎？」妻子暗暗想著。就這樣，兩人一旦發生爭執就誰也不讓誰，吵得驚天動地。

　　直到一天，兩人又因為一件小事吵起來，在他寸步不讓的情況下，妻子一句「離婚，這日子沒辦法過了」終於讓何軒閉上了嘴……

第二章　破解家庭矛盾！改善關係的必修課

　　當我們與家人聊天時，即便自己是辯論高手、邏輯清晰、口若懸河，並且很有自己的想法，也沒必要在跟家人產生分歧的時候，馬上把對方辯論到啞口無言。不錯，這樣是會顯示出你厲害的口才，但也會影響家庭中的溫馨和幸福。

　　雖說現在的社會充滿了競爭，能力越強越容易獲得好的生活，但我們所具有的能力並不是用來和家人爭吵的。如果每個人都用自己的稜角去戳別人，那人人都會遍體鱗傷。即便真的需要爭鬥，勝利的方式也有很多種，但光榮的勝利絕對不是像何軒那樣，只懂得在嘴上占上風。

　　蔡康永曾經說過：「把無謂的勝利讓給對方，懂得認輸的人很懂說話。」同樣，在家庭生活中，如果我們能把無所謂的勝利讓給伴侶，相信也會讓家庭生活更加和諧。從另一個角度來講，當我們與家人意見不一時，我們完全可以委婉地提醒對方，並不是非得針鋒相對才行。

　　所以說，低下頭不說話不代表我們輸了，昂著頭口沫橫飛也不是真的勝利。無論是抬頭還是低頭，說話或者是沉默，都不過只是我們的一種姿態而已。而那些在家庭生活中懂得優雅低頭認輸的人，更容易獲得幸福。

　　卓雯和丈夫商量著幫家裡換一套新沙發。這天，卓雯趁著丈夫出差，請一名室內家居設計師把這件事辦了，想給丈夫一個驚喜。結帳時，她才發現這沙發的價格貴得令人咋舌。

第二天,婆婆到卓雯家來,看到家裡擺的新沙發,就問她花了多少錢。一聽價格,婆婆就板著臉說:「這麼貴?你不會是受騙了吧!」這話讓卓雯很不高興,但對方畢竟是自己的長輩,她只好竭力替自己辯護道:「價錢貴的東西,總是好的。」結果兩人不歡而散。

幾天後,丈夫出差回來,看著家裡的新沙發,說:「阿雯,你把家裡的沙發換了,顏色不錯,坐著感覺也很舒服。」聽到丈夫這樣說,卓雯卻低頭認錯道:「老公,我買這套沙發,價錢太貴了,到現在我還有點後悔。」然後又將之前婆婆來家裡的事情說了一下。

丈夫聽後,並沒有因此和她爭一時之氣,而是笑著安慰她道:「沒事,沙發買都買了,這個要用很久,貴一點沒什麼。至於媽說的話,你也別放在心上,她是擔心你。」

生活中有許多的不愉快,都是由無意義的爭辯造成的。很多人為了一些很平常的小事爭辯,為此雙方針鋒相對、唇槍舌劍,甚至不惜撕破臉,用惡毒狠辣的語言去攻擊對方。這種爭辯所導致的慢性精神折磨,不要說辯論者自身,就是旁觀者也會覺得難以接受。

所以說,懂得認輸其實也是一種智慧。當我們學會把那些逞一時口舌之快的勝利讓給親密的家人時,就會發現,幸福其實很簡單。

第二章　破解家庭矛盾！改善關係的必修課

● 憤怒時，先沉默三分鐘

　　人在生氣的時候，很容易說出傷害別人的話，甚至做出傷害別人的行為。冷靜下來後，馬上又覺得後悔。但事情已經發生了，就算感情再好的家人，也會產生受傷的痕跡。

　　歡歡和樂樂是一對堂姐妹。週末，兩人準備一起去報名街舞班。教街舞的老師是個很帥氣的男子，兩人學得非常賣力。

　　歡歡學得比較快，樂樂卻有點跟不上節奏。這時，歡歡像往常一樣開玩笑地說：「你那大象腿，我看學不學都沒什麼差。」

　　這要是平常，樂樂反刺上對方幾句也就完了。但現在帥哥當前，樂樂的面子上實在有點過不去，想著：還親姐妹呢，竟然當眾讓我出醜。越想越生氣，手裡的一杯水就往對方臉上潑了過去：「就你厲害，可以吧！」

　　就這樣，一對姐妹花因為一句話翻了臉。過後，樂樂也覺得對方雖然不對在前，但自己也太過分了。但兩個人因為拉不下臉來，差點絕交了。

　　憤怒是一種情緒，是需要表達的情緒。如果無法表達出來，或者當表達方式受限的時候，這種情緒就會被壓抑。有壓抑就會有爆發，而爆發就意味著自身情緒的失控和危險。

　　所以，我們需要學會拓寬情緒表達的途徑，讓憤怒在不同的情景中，都有相對安全的表達方式。

這天,張彥因為兒子在學校打架被老師叫到了學校。回家後,張彥覺得自己該和兒子好好談談,結果剛挑起話題,兒子就擺出一副吊兒郎當的樣子,說:「好了,爸,我知道你要罵我了。這有什麼,我不過是和同學打了一架而已,你一天到晚不在家,什麼時候管過我,現在又有什麼資格管我?」兒子越說越氣憤,開始大聲質問他。

　　兒子說完,沉默地坐在一邊。看著兒子這個樣子,張彥心裡雖然憤怒,卻又不知該說什麼好。他深呼吸了幾下,沉默了兩三分鐘才用明顯放慢的語速說:「我知道,我因為平時工作忙很少陪你,你現在能把心裡話說出來我覺得很好。」然後,他開始跟兒子講自己的工作、想法,對兒子打架一事,也沒有直接訓斥他,而是告訴他這麼做會導致什麼樣的後果。

　　談話過後,兒子也向他誠懇認錯,並表示今後不會再發生這樣的事情。

　　張彥的處理方式,就是源自一種有意的自控,先是沉默幾分鐘,等情緒相對穩定後,才開始和兒子溝通。這就是沉默在憤怒中所發揮的作用。除此之外,以下幾種方法同樣可以緩解我們的憤怒情緒:

去散步

　　當我們實在控制不住自己的憤怒時,可以離開現場,去安靜、空曠一點或環境優美的地方散散步,也可以非常認真地看

看周圍的景物。一般我們使用這種方法後，只需要幾分鐘就能讓我們的心情平靜下來。

寫日記

把自己心中的不滿、憤怒、煩躁等負面情緒全部寫出來。等自己的情緒差不多冷靜下來後，再用一些搞笑的詞語來調侃那些令我們感到不愉快的人和事。這時我們會發現，我們寫下來的東西都可以把自己逗笑了。

照鏡子

人在憤怒的時候，面部表情會表現得很難看。因此，當我們拿起鏡子看到自己憤怒的表情時，大多數人都會不由自主地整理一下自己的面部表情。當我們露出一個自己認為美麗的表情時，憤怒的情緒基本上也就消失了。

多喝水

人在生氣的時候會分泌一種腎上腺素，也被稱為「痛苦激素」，這種激素會讓人產生低落、煩躁不安的情緒。這時，如果我們大量地喝水，將有助於身體排出這種激素。

最後，當我們想發火時，就深吸一口氣。當我們生氣時，我們身體所釋放的腎上腺素會使我們的心跳加快、血壓升高，

這會讓我們想要奔跑或抗爭。而深吸一口氣能讓我們的心跳恢復正常,並向我們的大腦發出「不需要腎上腺素」的訊號。而當我們深呼吸兩三次、往臉上潑點水、上下跳躍幾次後,基本就能理智地思考眼前出現的狀況,並解決它。

第二章 破解家庭矛盾！改善關係的必修課

● 如何與壞脾氣的家人相處

生活中，我們常常發現父母會帶著「壞脾氣」跟小孩說話，夫妻之間也是，但他們自己往往感覺不到。即使事先提醒自己要好言好語地和家人溝通，但往往到最後還是忍不住發生衝突。如果每個人都能平靜地自我反省，就會發現，所謂的「壞脾氣」，只是在無法尋求到好的溝通方式時，採取的一種「憤怒式」的表達方式，並非有意要傷害自己的家人。

曉曉的媽媽在商場做服務生，爸爸是一名技工，家庭收入一般。爸爸脾氣不太好，常常無端開口罵人，事情的起因都是一些家庭瑣事，導致家裡總是烏煙瘴氣。爸爸很愛喝酒，有時候喝完酒罵得就更凶了。他總是說：「都是你們兩個掃把星害得我成了現在這樣！」曉曉不想待在家裡，又怕媽媽沒人照顧，所以一直很煩惱。

我們遇到類似壞脾氣的家人總是感覺很無力，因為你沒辦法改變你的父親，也沒辦法改變你的母親。雖然這種無力感讓人很沮喪，但也並非毫無辦法，比如你可以把心裡鬱積的那些情緒全部宣洩出來，當然，報復的方式是不可取的。

情緒宣洩完後，你得了解，你無法改變別人，但你可以改變自己。你可以調節自己的情緒，避免對方的怒氣進一步升級，可以試試在他情緒平和的時候和他聊聊這個問題，談談自己的

感受。也許你會發現，他的壞脾氣只是一時衝動沒控制住，而他內心的出發點是愛你，不是傷害你。

張旭的父親是一個待人苛刻、喜歡刁難別人的人。張旭經常覺得，自己根本無法跟爸爸講道理，無法讓他了解自己的需求。「跟我爸爸講道理是沒有用的，事情只能照他的意思去做，否則免談。」

後來，張旭看到了父親柔軟的一面，並了解到了一些真相。「我想我父親是真的愛我們，只是他表現出來的憤怒多於愛。」張旭說，「他自己的童年也過得很苦，他的父親脾氣非常暴躁，這一點一定對他造成了很大的影響。更何況，他們那時候的人不像現在的人那麼懂得內省，所以才會不自覺地將他父親管教他的那一套用在我們身上。」

生活在這樣的家庭中，張旭是如何培養出樂觀的人生態度的呢？一方面，他盡量去看父親好的一面而不是壞的一面。他說：「我仍然記得我父親對我無理指責、對我大呼小叫、說我永遠不會有出息的那些畫面。我並沒有刻意要把事情美化，只不過，只看到父母的優點，會讓我內心得到安慰。這讓我覺得，事情有了一個比較圓滿的結局。」

在這樣的情緒下，張旭學會了體諒、寬容和放下，然後繼續往前走。他現在有能力，也懂得如何去愛小孩、為小孩創造更理想的家庭環境 —— 而這一點，才是最重要的。

生活中難免會遇到壞脾氣的家人，這個時候，如何與他們

第二章　破解家庭矛盾！改善關係的必修課

相處就成了一門大學問。其實這樣的問題若下決心解決也不難。

　　面對對方憤怒的情緒要保持冷靜，不要和對方爭執吵鬧，試著站在對方的角度去想想為何對方會出現這種負面情緒。在對方冷靜下來之後，再和對方分析這種情緒，從而慢慢改變他的壞脾氣。時間一久，你就會發現，其實世界上沒有壞脾氣的家人，只有不會表達的愛。

● 老公不是你的私有財產

這幾年流行「野蠻女友」，野蠻女友修成正果後便是「野蠻老婆」，而野蠻老婆最經典的臺詞是：「你的就是我的，我的還是我的！」老公成了老婆的私有財產，老公從頭到腳都屬於老婆，從經濟到感情，從肉體到靈魂，他的一切都必須掌控在她的手中。長此以往，家庭危機遲早會爆發。

妻子在整理家務時，把一個破舊的小木馬賣掉了，丈夫知道以後非常生氣。因為這個小木馬是他小時候的玩具，上面保留了他童年的回憶，而這種感情只屬於他自己。可是做妻子的理解不了，她理直氣壯地說：「我是你老婆，你的就是我的，有什麼我不能替你解決的！」

雙方都覺得對方不可理喻，一場家庭戰爭隨即爆發。最後，妻子怒氣沖沖地讓丈夫「滾」，丈夫直接摔門而出……

許多女人結婚後，會把男人看作自己的私有財產，動不動就給臉色、摔東西，不然就賭氣不說話，冷戰熱戰換著來，甚至在家人、朋友面前也不給丈夫留面子，完全喪失女人的溫柔，就像一隻「母老虎」。自己覺得自己很威風，老公對自己服服貼貼，多有大女人主義的成就感。

的確，很多女人都是這樣，她們的心中湧動著「權力欲」，要統治丈夫的後半生，對男人的言行訂有嚴格的「定律」：要丈

第二章　破解家庭矛盾！改善關係的必修課

夫怎樣怎樣，不許如何如何。一旦丈夫的所作所為偏離她們的「定律」，就會視為對自己的不忠或背叛，繼而產生失望、埋怨和牢騷，甚至會義憤填膺、咬牙切齒、不共戴天。她們想不通：男人就不能心裡只有自己嗎，為什麼不事事把自己擺在第一位呢？

你要求男人的心裡只能有你一個，事事以你為先，因為他是你的老公，但是他還有許多其他的身分：他是父母的兒子，他兄弟姐妹的兄弟……他無法像愛情故事裡的男主角一樣，只要將女主角當作自己的全部就能有「Perfect ending（完美結局）」。於是，你想到了一個冠冕堂皇的理由：因為你愛他，所以事事「關心」他，便不允許他自作主張、獨立自由地面對其他人，凡事要經由你的批准，不然你會不放心。可是這樣的女人有幾個男人能受得了呢？愛你的男人最開始也許會由著你，但長此以往只會磨滅你們的愛情，從而讓家庭陷入危機之中。

張淼的收入一直高於丈夫，她總是對丈夫強調「經濟基礎決定上層建築」的理論，在家中頤指氣使，家務上更是以發號施令為主。

在家中，丈夫主動承擔起一切家務，而她更是理所當然地拒絕「油煙」和「清潔劑」。不僅如此，當丈夫把買菜、煮飯、洗衣、照顧小孩以及室內外整潔全部承攬下來之後，她還有所不滿，指責丈夫這沒做好、那沒做對，讓丈夫隨著她的「指揮棒」轉。

直到有一天，兒子小心翼翼地說：「媽媽，你以後不要對爸爸那麼凶了，好不好？」一語驚醒夢中人，張淼馬上了解到自己在家庭中扮演了什麼樣的角色，而這不僅在小孩心目中留下了非常壞的印象，還把家裡本應有的民主、和諧、溫暖、友愛的和睦氣氛徹底破壞了，讓家庭總是處於緊張和衝突之中。

為了挽救自己的家庭，張淼開始慢慢地修正自己的一些行為，給予丈夫尊重，給予丈夫關心，並主動分擔一些家務，丈夫的臉上也漸漸浮現出發自內心的笑容，家庭中溫馨的氣氛又日益濃厚了。

妻子發號施令，指揮丈夫做這做那，天長日久，丈夫心生怨氣，再勤快的人也要罷工。其實，女人地位的提高，並不意味著要凌駕於男人之上，而是要與男人平等相待，互諒互讓，在家務上更是要公平互助，各盡所能。

另外，「經濟基礎決定上層建築」這一理論不能簡單用於家庭生活，尤其是夫妻關係。從男人的本性來講，長期在家庭生活中居於末位，很容易使之失去對家庭的責任心，對妻子的愛情也會在妻子長期的「發號施令」中消失殆盡。

第二章　破解家庭矛盾！改善關係的必修課

● 妻子不應是你處處懷疑的對象

　　信任是婚姻幸福的基礎，也是婚姻幸福的前提。因此，當婚姻中出現信任危機時，它將比婚外情更折磨人的心智，也更容易摧毀一個家庭。

　　有一對夫妻結婚三年後，宣告婚姻解體，離婚原因是——丈夫對妻子極端不信任。

　　根據妻子的陳述，只要自己一外出，丈夫就會對她追根究柢，出門沒多久時間就會打電話問她在哪裡，還要求開視訊拍攝身邊的建築物等，以證明自己說的是實話。漸漸地，發展為只要她一回家，丈夫就會檢查她的衣物是否整潔等，稍有懷疑，即要窮追猛打。

　　長期在丈夫疑神疑鬼的緊張氣氛中生活，妻子終於難以忍受。最後，兩人婚姻的弦終於斷裂了。

　　忠誠是婚姻的底線，在這條底線面前，我們都相信大多數的夫妻是嚴格遵守著的。雖然電視劇每天都上演著各種外遇、出軌等突破價值觀的劇情，但生活並不等同於電視劇。如果你一味地將你毫無根據的猜忌強安在妻子（丈夫）頭上，只會讓你們的感情越走越遠，甚至造成無法挽回的後果。

　　有一個男人，他的家庭原本溫馨、幸福，但一道微不足道的劃痕卻劃破了這個家庭的幸福。

妻子不應是你處處懷疑的對象

　　事情源於妻子鼻子上的一道劃痕，他認定是當時借宿在他家的男同學調戲妻子而留下的。猜忌的種子一旦種下，比癌細胞的生長還要凶猛。自那以後，他總是猜疑妻子會和他人有染，動不動就對妻子拳打腳踢。

　　親人、朋友看不下去，出於好心，都來勸阻他的行為。但陷入「妻子被奪，謀財害命」猜忌之中的他卻認為他的家人都在欺騙他。他的拳腳不再局限於他的妻子，身邊的親人也成了他洩憤的出口。最終，他殺死了勸架的姐夫，也因故意殺人罪被捕入獄。

　　起初，誰也想不到這個原本幸福的家庭會有這樣的結局。可見，猜忌的種子比癌細胞還要可怕。有心理學醫生對他這種行為做出解釋，說他屬於嚴重偏執型人格。偏執在情緒上的表現是按照個人的好惡和一時的心血來潮去論人論事，缺乏理性的態度和客觀的標準。如果對某人產生了好感，就認為他一切都好，不願意承認自己的缺點，從而容易犯下無法挽回的錯誤。而懷疑自己身邊最親近的人也是源於內心深處的偏執，他們敏感而固執，一旦有蛛絲馬跡，就以為妻子紅杏出牆，認為妻子背叛自己。

　　很多時候，丈夫對妻子的不信任源於對自己的不自信，不相信自己的魅力，在別人面前覺得自卑，於是只要抓住可疑之處就會小題大做。這種情況下，你必須在婚姻關係中重拾你向妻子求婚時的自信，她既然選擇和你在一起，結婚生子，就是

第二章 破解家庭矛盾！改善關係的必修課

相信你能給她一個美好的家庭。這樣想來，你又何必揪著自己的一些自卑情緒不放呢？

所謂「少年夫妻老來伴」，妻子是你一生中相伴最長久的人。所以，請多給妻子一點信任，不要用你的猜忌去傷害你身邊最親近的人。

● 相互尊重，避免婚內性暴力

一項權威調查顯示，在被調查的 4,049 名城市女性中，有 113 名女性表示有過被丈夫強迫發生性行為的情況；而在被調查的 1,079 名農村女性中，也有 86 人承認自己遭受過「丈夫的強迫性行為」。考慮到調查中各種因素的影響，相關專家判斷，婚內強迫性行為的比例要比這些數字大得多。

有人可能會說，婚內性行為是丈夫的權利，妻子的義務，是合理合法的，談何「強迫」呢？事實上，在性愛中，如果一方只考慮自己的需求，不顧對方的身體狀態和反對，便屬於「性暴力」行為。而且，不論什麼原因，性暴力都是丈夫試圖發洩自己、宣示控制權而進行性虐待的行為，比如妻子在性以外的問題上與丈夫開始爭執並證實她是正確的，丈夫可能會透過強迫性交來挽回自己的面子。但這樣很可能會給妻子的身心甚至雙方的婚姻關係帶來負面影響。

趙明和妻子經人介紹後很快結婚。婚後，妻子漸漸發現他總是敏感多疑，懷疑其他男人對她有意。

有一次，他跟蹤妻子到公司，發現妻子和一個男人站在一起有說有笑的，就跳出來對那位男士大打出手，還大聲說對方和他妻子亂搞，說得繪聲繪影，好像真的發生過一樣。最令妻子無法忍受的是，每次回家，他都會強行跟她過性生活，讓她

第二章　破解家庭矛盾！改善關係的必修課

感到痛苦不堪。

這天，兩人又因為趙明的疑神疑鬼發生爭執。趙明看妻子一臉「我沒錯，都是你想多了」的樣子，當即給了她一耳光，並強行與其發生性關係。妻子對他忍無可忍，終於提出了離婚。

幸福的婚姻生活源自夫妻雙方的相互尊重，任何暴力的發生，都會傷害雙方感情。為了避免這一問題的發生，心理學家表示，夫妻雙方應提高個人的自尊、改善溝通「人性化」相處，最終實現「身心整合，內外一致」。對於婚內性暴力問題，需要夫妻雙方相互尊重、理解與包容，受害的一方，也應加強對自己的保護。

張先生與妻子劉小姐於 2015 年結婚。婚後，由於張先生性格暴躁，經常因生活瑣事謾罵和毆打妻子，導致兩人的生活總是不安寧。令劉小姐更無法忍受的是，張先生的性生活方式十分粗暴，經常不顧劉小姐的身體情況和意願，與其強行發生性行為，使劉小姐的身心受到了非常大的傷害。

2016 年 3 月某日晚，張先生在外與朋友飲酒回家後，要求與妻子同房。劉小姐表示自己身體不舒服，但張先生還是對其一陣拳打腳踢後，不顧其苦苦哀求，將其按倒在床上，強行與之發生性關係，導致劉小姐臥床近兩週才能下床活動。

同年 5 月，劉小姐以強暴罪向法院告發了張先生。法院依法將張先生傳喚並逮捕。張先生對自己的所作所為供認不諱，

但他認為劉小姐是自己的妻子,和自己發生性關係是她應盡的義務,所以否認「強暴」罪名。

夫妻雙方享有平等的權利和義務,那麼,性權利就不能為丈夫單方所享有,而妻子也不能僅承擔性義務。妻子不僅有過性生活的權利,也有拒絕過性生活的權利。認可丈夫有性侵犯的權利,否認妻子有性拒絕的權利,實際上就是對夫妻平等的藐視,也是嚴重違反性生活應當以自願為原則這一性道德的基本要求,更是對權利、義務對等性的曲解。

一名心理諮商師說過:「性暴力已經是一個不容忽視的社會問題。」對於性暴力甚至是婚內強暴,心理諮商師分析,最主要的原因是男性自身的占有欲很強,往往要在兩性關係中取得主動權,因而容易違背婦女意願與對方發生性關係。

其實,只要一個男人能夠平等地將自己的妻子看成最好的夥伴,婚姻中的強暴行為就能有效避免,也就不會有婚內性暴力事件的發生。一個好的婚姻需要雙方努力成為對方的好伴侶,這樣不僅家庭美滿,夫妻間的性生活也將和諧。

第二章　破解家庭矛盾！改善關係的必修課

第三章

和父母相處,其實可以更輕鬆

第三章　和父母相處，其實可以更輕鬆

● 真的是「無仇不父子」嗎

「我最大的願望就是趕快離開這個家，再也不想見到他了⋯⋯」諮詢室裡，16歲的男孩滿臉憤怒地說。被他「控訴」的人則是他的父親，在他眼中，父親對他管教太嚴、不講民主、沒有自知之明、頑固不化⋯⋯就像一個「暴君」。而當他的父親來到諮詢室時，同樣也列舉了兒子的種種不良行為，比如吊兒郎當、不求上進、不務正業⋯⋯

心理學家表示，在心理諮商和治療中，這樣敵對的父子關係非常常見，而且這種敵對關係的產生大多出現在兒子青春期及青年初期。但進一步了解就會發現，這些父親和兒子，通常都不像對方所描述得那麼「壞」。在父親專制的背後，往往深藏著對兒子的愛，而兒子也絕非父親眼中那麼一無是處。既然如此，父子之間為什麼如此不易互相接納呢？難道真的是「無仇不父子」？

其實每個男孩小的時候，都會或多或少把父親看得很高大，覺得自己的爸爸什麼都會，很有力量，將爸爸當成自己的偶像。但隨著年齡的增長，兒子漸漸有了自己的思考和判斷，再加上父親不會像母親那樣無時無刻對自己噓寒問暖。當小孩無法從日常生活中感受到父親的關愛時，漸漸就會對父親產生誤解，覺得父親並不關心自己，久而久之就會與父親疏遠。

另外，很多父子之間缺少溝通的習慣，也讓父子在相處的過程中不斷產生摩擦與誤會，並且礙於「面子」讓雙方都不願主動去握手言和。心理學家認為，這與男性的個性特點和心理有很大關係。

相較女性，男性的情感表達能力不夠強，很少透過語言及外顯的行為來表達愛。兒子小時候，通常會把父親當成榜樣，完成自己「男子漢形象」的建立。一個男小孩剛毅、勇敢的性格與父親的影響有很大關係，但在學習了父親身上這一系列優秀特質的同時，兒子也學會了父親不善情感表達的一面，從而導致父子之間的情感表達不暢通。

而且，受傳統角色的影響，男性都有很強的控制欲和支配欲。父親的控制欲和支配欲在兒子小的時候還會發揮作用，也被兒子崇拜，做父親的能從中充分體驗到自己的價值。但當兒子步入青春期後，兒子強烈的獨立欲和父親的控制欲就會形成衝突，父子之間的抗衡便開始了。

除此之外，父親對兒子的高度期望也是造成父子衝突的一大原因。望子成龍是所有父母的心願，當兒子的行為不符合自己的預期期望時，父親容易產生失望、憤怒的情緒。

基於男性的心理特徵，父子之間的衝突屬於正常現象，而且，兒子也是要透過挑戰父親來證明自己長大了。不過，如果衝突過於激烈就需要有調和的想法，切不可在深入了解父親之前質疑父親的愛，最後傷害彼此的感情。

第三章　和父母相處，其實可以更輕鬆

　　總而言之，父子之間的感情很微妙，處理得好，整個家庭的氛圍就能變得溫馨和諧。

　　馬超和爸爸就是「無仇不父子」的典型代表，兩人在家基本上沒有語言交流，偶爾說幾句話，就會爆發出濃烈的火藥味。後來，父親那瘦弱的身軀已經打不動身材日漸高大的兒子，但言語態度的傷害卻像刀子一樣，隨時戳在兒子心上……久而久之，兒子越來越少回家。

　　其實，兒子小時候也是在爸爸的肩頭長大的，高中前父子關係非常好。用媽媽的話說，「父子兩人處得像好朋友一樣」。但上了高中以後，兒子的課業壓力不斷增加，對社會的認知及資訊源也在不斷擴大，兩人逐漸有了分歧。再加上父親隨著年歲的增長，對兒子也有了「以禮相待」的要求，當他覺得「翅膀硬了」的兒子不再對自己百依百順時，父子關係開始惡化。

　　後來，還是媽媽不願意看兩人一直這麼相互「仇視」下去，勸兩人到心理諮商師那裡聊聊。經過諮詢師的心理調解後，兩人都理解到了問題所在，終於坐下來說出了自己內心的想法，父子之間的關係也得到了明顯改善。

　　在父子相處的過程中，身為父親，應該正確看待自己與兒子的關係。不要再信奉那種因循守舊的「父為子綱」的觀念，應該建立一種平等的父子關係，將兒子看成自己的朋友，看成一個男人來對待。不要動不動就以「父親」的身分來壓小孩，逼迫他做不喜歡的事情。另外，父親也不要因為望子成龍而給小孩

過多的壓力,小孩的成長終究是取決於個人的努力和志趣,懷著過高的期望值來培養小孩,只會讓父子之間的分歧越來越大。

身為兒子,要了解父子關係的特點,合理處理父子關係。當與父親出現不同的看法時,要心平氣和地和父親交流,不要固執己見。人無完人,父親也會有犯錯的時候,當父親不能理解自己的想法時,兒子不妨多給父親一些理解和尊重,在這個基礎上試著去和父親進行一些感情上的溝通,說出自己內心真實的想法,從而得到父親正面的回饋,以此形成一種良好的父子關係。

父愛如山。父親,是對兒子關心最多,對兒子人生影響最大的人。用正確的方式來處理父子之間的關係,「無仇不父子」也能變成「無愛不父子」。

第三章　和父母相處，其實可以更輕鬆

● 小氣爸媽與大方子女

艱苦樸素是中華民族的傳統美德，尤其是在老一輩的觀念中，這個道理幾乎是深入骨髓的。但是，現在的很多年輕人卻主張先享受，認為消費帶動經濟，「我是在為國家做貢獻」。尤其是當年輕人開始談戀愛的時候，出手闊綽的花錢行為和父母節儉的生活習慣，更是形成鮮明的對比。

更令人感到驚訝的是，生活中有那麼一些人，自己活得青春無敵、過得光鮮亮麗，卻看不見身後默默供養的父母，他們為了讓小孩過上更好的生活，還在向這個世界低聲下氣。

案例一

暑假到了，19歲的劉鵬說自己要和同學去日本玩。他媽不放心，再加上家庭條件也不怎麼好，當然是不願意。但禁不起小孩的糾纏，最後還是答應了。

雖說劉鵬的家庭條件一般，剛上大學的他也沒有能力自己賺錢，但他卻有著揮金如土的本事。就拿他去日本旅行這件事來講吧，日本物價很高，一片哈密瓜就要一百五十元左右。而他在口渴時，從不會去買水喝，而是選擇買三片哈密瓜吃。

案例二

22歲的王欣剛從大學畢業，家庭條件很一般，卻把日子過得很「高級」。比如她嫌公司提供的飯菜難吃，就每天中午出去餐廳吃，下午還必定會訂一杯幾十塊錢的奶茶外送。

她和朋友一起出去逛街，總會拉著朋友去吃人氣很高、價格也很昂貴的餐廳。和她旅遊，她對園區裡各種物價很高的食物和紀念品，向來都是瀟灑地買買買，花錢如流水。

朋友原本以為她必定家境富裕，直到有一次去她家裡，才知道她住在郊區的公寓裡，房間老舊潮溼、又窄又小。當時，她的媽媽正穿著她高中時的校服外套，坐在家裡挑菜……

看到這兩個故事，忽然想起網路上的一句話：「父母尚在苟且，你卻在炫耀詩和遠方。」還有句笑話是這樣說的：「我視金錢如糞土，爸媽視我如化糞池。」

隨著社會經濟的發展和人們生活水準的提高，不少父母給小孩提供的零用錢也在水漲船高。甚至有不少家長認為，自己小時候日子過得不好，現在不能讓小孩再受窮。於是便無限度地溺愛小孩，滿足小孩的一切要求，對小孩百依百順。殊不知，小孩小的時候，還沒有建立起勞動和金錢的概念，自制力和計劃性又比較差，時間一長就不把錢當回事了，於是就養成了出手闊綽花錢的習慣。

小孩從小花錢沒有節制，慢慢地，就會習慣於花錢之後的

第三章　和父母相處，其實可以更輕鬆

滿足感。而在小孩的概念中，錢不過就是可以兌換物品的東西，他並不了解錢的真正意義和勞動的辛酸，也不容易養成勤儉節約的好習慣。還有一些小孩虛榮心強，喜歡跟別人比較，追求一些物質上的東西，花錢大手大腳，用這種方式來為自己賺面子，讓同學羨慕自己。一旦父母阻止小孩，就可能被小孩貼上「小氣」的標籤。

前段時間，在網路上看到這樣一篇文章，講的是一個獨生子的「困惑」：

他是家中獨子，家裡條件也很好，父親是一家工廠的管理階層，母親也是國營企業高階主管，家庭年收入五百萬左右。父母因為職業關係很低調，但也會消費一些名牌手錶、服裝等。

但是，兩人對自己唯一的小孩卻非常「小氣」。比如他在讀大學的時候，父母還會詢問他消費的每一筆錢，哪怕那筆消費金額還不足五百元。他想換個手機，兩人就會告訴他「最近收益不好」、「爸媽賺錢很累」……

因為父母的小氣，他經常買一件衣服就要和服務生為一個九九折商量半天，想要一輛腳踏車只能買輛二手的。而他的同學，即便是家境不怎麼樣的，平日裡都是花錢如流水，買輛一萬多塊錢的腳踏車眼都不眨一下。

放暑假時，他發現回家的高鐵票很便宜，就訂了。被父母知道後又是一頓口水戰，說明明火車票更便宜，為什麼一定要坐高鐵，還叫他去把票退了。他覺得不可思議，就說氣話：「那

你們花五千多塊錢的過路費加油費開車來接我好了。」然後被母親罵神經病,並結束通話視訊。

他不了解,父母無論是對他們自己還是對別人都非常大方,感覺也不是那種很在乎錢的人。為什麼對他就這麼小氣?他們是什麼心理啊?

仔細想想,這對父母真的「小氣」嗎?其實,換個角度不難看出,這是父母在培養小孩艱苦樸素的好習慣,讓小孩可以不依靠父母,用自己的手去開創新天地,不斷超越自我,從而適應複雜多變的社會。自己開始工作後就會了解,每分錢賺得都不容易,你也不會出手闊綽地去奢侈消費。

另外,我們每個人都應懷著感恩的心,感謝自己的父母。他們養育我們是多麼不容易,從十月懷胎到牙牙學語再到現在成長的每一天,父母都在牽掛著我們。所以,即便是金錢觀與父母有不一致的地方,也要多體諒父母的不容易,站在他們的角度考慮問題。這樣,家庭關係會更和諧、更融洽。

第三章　和父母相處，其實可以更輕鬆

● 婆婆、媳婦真的是天敵嗎

有位老奶奶講：兒子和女朋友剛有結婚的想法，自己就先幫兒子打「預防針」，讓他轉告那女孩，開門七件事（柴米油鹽醬醋茶），拜託了。兒子依母命，把這話轉給了女朋友。

女孩心想，這還沒結婚呢，老太太倒先擺起了婆婆款，以後結了婚還了得？直接讓男友回一句：「要是缺打掃煮飯的可以找傭人，還要媳婦做什麼？」就這樣，婚還沒結，婆媳大戰就先上演了。

在家庭生活中，「婆媳關係」一直是大家關注的話題。有些家庭因為婆媳關係不和整日生活在無硝煙的戰爭之中，有些家庭因為婆媳關係不和而破裂，難道婆媳真的是天生的一對冤家嗎？

其實婆媳之間出現一些衝突或者分歧是很正常的，畢竟婆媳沒有血緣關係，沒有經過長時間的磨合便成了彼此的家人，生活在同一個屋簷下，難免會有摩擦。但是，如果雙方都能保持良好的心態，從各自的角度來維持良好的關係，相信很多衝突都是可以避免的。

所謂「不是一家人，不進一家門」。既然都是一家人，在日常生活中，你也要做一個善解人意的媳婦，學會理解婆婆的心情。畢竟在兒子結婚之前，婆婆是與他關係最親近的女性。現在

婆婆、媳婦真的是天敵嗎

突然跑來一個比自己年輕的女人把兒子「搶走了」，眼看著自己含辛茹苦拉拔大的小孩一心只想著老婆，婆婆心裡一定會有非常大的失落感。

這個時候，身為兒媳的你要換位思考一下，不要只想著霸占丈夫全部的心思和愛，要記住他首先是婆婆的兒子，然後才是你的丈夫。有空的時候多鼓勵丈夫回家陪婆婆，或者休息日帶著婆婆一起去外面散心，不要讓老人覺得連見小孩一面都那麼困難。把婆婆視作自己的母親那樣照顧，盡可能地去體諒老人的性格或其他不足。當和婆婆有衝突時，千萬別犯和婆婆「爭老公」的「低階錯誤」。要知道，無論丈夫多麼愛你，你也無法替代母親在他心中的分量。

當然，身為婆婆也要正確看待媳婦的加入。父母把一生的心血都傾注在兒子身上，除了希望他們能夠出人頭地有所建樹之外，也是為了年紀大的時候能夠享受到子孫滿堂的天倫之樂。但有些婆婆總覺得兒子會「娶了老婆忘了娘」，擔心媳婦的加入會奪走兒子對自己的關注，其實換個角度想一想，現在等於多了一個人來愛自己的小孩，多了一個人與兒子甘苦與共，當媽媽的應該感到高興才是。

另外，男人對家庭裡的婆媳關係也很是頭痛。他們有時百思不得其解，自己身邊這兩個最親最近的女人，怎麼會水火不相容呢？當然，現代家庭中對於這種問題還是比較容易處理的，小家庭一成立就從大家庭裡分離出來，婆婆媳婦不在同一個屋

第三章　和父母相處，其實可以更輕鬆

簷下生活，彼此產生直接摩擦的機會當然就不多了。但是，婆媳關係依然是家庭第一難事，而在婆媳關係的調適中，男人發揮重要作用。

楊女士說：「我平時很注意修飾打扮，可是婆婆對這一切很看不慣，多次旁敲側擊，要我好自為之，不要太浪漫。我覺得婆婆不僅誤解了我的為人，還侮辱了我的人格。」

遇到這種衝突怎麼辦？做丈夫的很為難。後來，丈夫逐漸摸索出來了，遇到這種衝突，等習慣了也就淡化了，千萬不可跟著認真，一家人剛開始看不慣，習慣了就好了，做男人的不必夾在中間自己跟著著急生氣。

後來，丈夫一遇到妻子和老媽吵嘴，總是找準機會一走了之，從不跟著較勁。漸漸地，這也成了淡化衝突的招數。

同時扮演老公和兒子兩個身分的男人在處理婆媳關係時，想要協調好這兩個跟自己關係最緊密的女人之間的關係，男人要做到：不做惡言傳話筒，只傳好聽的話，如果沒有就自編一些。當發現婆媳間有衝突苗頭，要自掏腰包買點禮物討好兩個女人，但要告知是對方掏的錢。另外，男人還可以在老媽或老婆面前表揚對方的好處，便於婆媳之間更加了解對方，對於無關緊要的小毛病也可以說說，但不能說致命的大缺點，防止雙方的誤會增大。經常回家探望，打電話詢問或傳個訊息表示你對兩個女人的關心，同時附上一句這是代另一個女人向她問好，這些都是讓婆媳關係更加融洽的有效方式。

總之,「婆媳關係」並非洪水猛獸,只是兩代人的一種親情關係,完全可以憑藉人為的努力改善。無論發生了什麼,都沒有對錯,也無須追究對與錯,一切不和諧的因素都是人的心理引起的,也都可以靠智慧來化解。其中,男人是維繫婆媳關係的最直接的中間人,他能站在感情和血緣的立場上,透過新增潤滑劑來磨合婆媳關係,使婆媳之間相互接納、理解和關心,把「天下第一難」變成「天下第一情」,家庭當然就會變得更加和諧幸福。

第三章　和父母相處，其實可以更輕鬆

● 婆媳之間，真心才能換真心

「沒想到老婆脾氣那麼大，看到我媽有一點不對的地方就小題大做，愛雞蛋裡挑骨頭。我媽也不服氣，覺得冤枉，所以兩人互不相讓，現在老婆看誰都不順眼，還跟我鬧離婚。」一位網友的滿腹牢騷引發了網友們的熱議，留言有數百條之多。

對已經進入婚姻圍城的朋友來說，婆媳關係的確是一個非常敏感的詞。可以說，在影響婚姻幸福及家庭和睦的諸多因素裡，婆媳關係甚至已經成了僅次於婚外情的破壞夫妻感情的「殺手」，還有人戲稱其為影響婚姻品質的「惡性腫瘤」，是導致家庭內戰的一大誘因。可見其影響力和傷害性的確非同一般，已然成了青年男女步入婚姻殿堂後的一門「必修課」。

2011 年 7 月，法院判決了這樣一起案件：

原告劉先生與被告朱小姐於 1974 年登記結婚，婚後感情很好，並先後生育二男一女，至今兒女均已成家立業，一家人幸福美滿。唯一遺憾的是婆媳關係不和，經常因為瑣事吵架。

有一次，因婆媳不和夫妻再次吵架，導致被告離家出走，此後夫妻兩人分居達三年之久，導致夫妻感情破裂，夫妻關係名存實亡。庭審中被告也要求離婚，法院依法准予兩人離婚。

這起案件引發我們思考的是：一對結婚 37 年的夫妻，仍會因為婆媳關係不和導致離婚，那是有多大的隔閡，多深的積怨？

婆媳之間，真心才能換真心

某心理諮商中心主任表示，在諮詢中心日常接診當中，由於婆媳關係不和引發家庭危機的案例非常多，並由此而導致家庭關係出現危機的約占30%。這其中包括婆媳衝突引發的夫妻關係危機和夫妻關係危機引發的婆媳衝突兩種類型。某律師也稱，婆媳衝突已經成為導致離婚的一大因素，近幾年他接手的離婚案件中，超過一半涉及婆媳不和的問題，超過四成案件存在嚴重的婆媳衝突。

更令人痛心的是，婆媳衝突還會引發一些我們不願看到的極端事件：

2007年7月，一名結婚多年不孕的林小姐，被婆婆罵是掃把星，爭吵升級後婆媳互毆，林小姐趁黑夜用錘子砸向婆婆，致其死亡。而在另一處，婆媳起爭執，調解未果的兒子一氣之下從十一樓跳下身亡。2011年2月，劉先生的妻子因為瑣事與婆婆發生爭吵，妻子一氣之下將婆婆殺害。當天晚上，外出歸來的兒子獲悉母親遇害後又錘殺了妻子。就這樣，一個個完整的家庭就因為婆媳不和而破裂。

這些家庭悲劇，留給大家思考的東西很多。或者是性格上的缺陷，或者是溝通上的問題，或者是一些家庭成員有以自我為中心、過分好強、暴躁、好控制人等習氣，不會甚至不願意冷靜、平等地溝通，使得家庭衝突不斷累積，最終導致「戰爭」爆發。

事實上，只要婆媳之間能做到相互傾聽，再多分歧都不會

第三章　和父母相處，其實可以更輕鬆

成為阻礙兩代人溝通的絆腳石。畢竟，婆媳之間自然地存在著最好的溝通基礎：愛。即母親對兒子的愛和妻子對丈夫的愛，如此一來，就算婆媳之間沒有血緣關係，也可以做到「愛屋及烏」，有了愛，彼此就會用更寬容的心態去看待雙方的分歧。

王菁這樣評價自己的婆婆：婆婆雖然沒有錢，也沒有受太多教育，但她身上有著傳統婦女的美德——勤勞善良、艱苦樸素，準確詮釋了「男主外，女主內」的古話。婆婆把自己所有的精力都放在丈夫和兒孫身上。她這一輩子過得很辛苦，很不容易。

剛開始和婆婆相處的時候，王菁也感到一些不適應。後來因為一件事，讓她和婆婆之間的心理距離拉近了。

王菁的婆婆是個有近四十年菸齡的老菸槍，但小孫子出生後，她硬是把菸戒了。為此，王菁曾看到婆婆為了戒菸狠狠打自己的嘴巴，這給她很大的震撼。自然而然就把婆婆看作自己真正的親人，那種疏遠的感覺忽然就消失了。

「和公公婆婆相處的這些日子，我發現老人真的很容易滿足，你只要稍微用點心就能達到。他們的要求很簡單，比如公公愛聽戲曲，我和老公就陪他們看戲曲頻道；婆婆喜歡看小品，就買小品的光碟給她；早晨上班前說一句『爸媽，我走了』，下班時說一聲『爸媽，我回來了』，他們就會很開心。」王菁說。

王菁孝敬父母的舉動也深深感染了小孩。以前小孩吃過飯後，轉頭就去看電視或出去玩耍，現在卻懂得幫忙收拾碗筷，

家裡有好吃的東西，小孩知道要先讓爺爺奶奶和父母吃，甚至大人身體不適，小孩也懂得陪伴左右，噓寒問暖。

一個聰明的妻子能夠懂得：孝敬父母，不但是在弘揚美德，錘鍊自己的人格，也是為自己的將來打基礎。因為「多年的媳婦總要熬成婆」，設身處地想一想，有哪個婆婆會不喜歡真心對待自己的兒媳呢？所以，用你的真心對待你的婆婆，你也一定會收穫她們的愛護。

第三章　和父母相處，其實可以更輕鬆

● 別在外是人，在父母面前卻是獸

羅語和媽媽的關係一直不好，兩人待在一起總是吵架。所以，當她能獨立後，馬上就搬離家裡，心裡為「終於離開那個不可理喻的人」而慶幸。

天有不測風雲，羅語的媽媽在一天早上突然暈倒，最後因救治無效而離開人世。羅語當時在外出差，都沒來得及見媽媽最後一面。葬禮上，羅語泣不成聲、斷斷續續地說：「如果再給我一次機會，我一定不會和她吵架……我一定會好好照顧她，一點都不會怕累，我有的是體力和精力……我平時對她太凶了……」

可是，這個世界上沒有「如果」。

的確，這個世上從沒有「如果」。既然沒有「如果」，你還要繼續任性妄為，繼續用壞情緒對待你的父母嗎？

有些人可能覺得無所謂，認為自己一天到晚在外人面前戴著面具生活已經很累了，如果面對父母還要如此，簡直就是在給自己找罪受。

原來如此。在外人面前，因為你很清楚他們不會放任你，讓你想怎麼樣就怎麼樣，所以你要戴著面具生活，自覺展示好的一面；回到家後，因為父母是最關心你、最寬容你、最理解你的人，你有底氣，知道在父母面前即便為所欲為，他們也會原

諒你,所以你認為在父母面前自己就可以不用壓制情緒。

但是,這樣做真的對嗎?我們向父母發洩情緒時,有沒有想過父母的心也會受傷?既然我們發洩的情緒會讓父母帶來傷害,那在父母面前控制好自己的情緒就是非常必要的,別在外人面前像個人,在父母面前卻像頭猛獸一樣,把不好的情緒全部甩給父母。

況且,你對待父母態度的好壞,不但可以衡量你對父母愛的深厚程度,還將直接決定別人對你的看法是否良好。

李翔的同事去相親,回來後問他:「相親結果怎麼樣?這次能成功嗎?」同事回答:「人長得不錯,長頭髮、瓜子臉、大長腿。不過可惜啊,她不是我的菜。」

「你就吹牛吧,真的遇上這樣一個女孩,你還能不追求?」李翔不相信。

為了證明所言非虛,同事給他看了女孩的照片,長相的確不錯,氣質也很好。「我說朋友,這還不是你的菜?你準備找個天仙?」

「說多了都是淚啊,我主要是覺得這女孩有點⋯⋯怎麼說呢,性格方面可能不太好。」

原來,在相親時兩人給對方的感覺都很好,卻因為一件事讓同事打消了對女孩的好感。當時,同事出去接了一個電話,等他準備回座位時,卻看到一個衣著樸素的中年婦女坐在他的位子上,並隱約聽到她們的對話:

第三章　和父母相處，其實可以更輕鬆

「媽，我不是不讓你來嗎？」

「你爸去世得早，我就你這麼一個女兒，你的婚事我當然不放心，當然要來幫你把關。」

但女孩對母親的行為卻感到不滿，還滿是嫌棄地數落道：「不過是見一面，能有什麼事情啊。更何況，你說你來，最起碼也好好打扮一下自己，你看你穿的是什麼……」而女孩的母親一直低著頭，一句話也沒說。

等她的母親離開後，同事回到座位便婉言拒絕了對方，然後找藉口離開了。

同事說：「她媽媽與我擦肩而過時，我清楚地看到她眼眶中忍著沒掉下來的眼淚。一個女孩的家境如何我都可以接受，我甚至可以忍受她偶爾的小脾氣，但我不能忍受的是她對母親的態度。」

一個人對父母的態度是非常重要的，尤其當你在父母面前暴露自己的壞脾氣，肆無忌憚地去傷害他們時，不僅是在傷父母的心，還可能會讓原本屬於你的機會和幸福悄然溜走。

有人可能會說：「在父母面前展示真實的自己已經成了我的本能，我改不掉。」之所以會如此，其實是因為你在父母面前根本沒有啟動「克制情緒」的想法。

想想看，我們在上班工作的時候，是不是再苦再累，即便是遭遇客戶的投訴、上司的責罵，也能克制心裡的怒火、不滿和委屈，繼續微笑著？而下班回家後，即便是面對父母的好心

好意,也不願意回對方一個微笑?

　　有情緒管理方面的專家表示,人們之所以會這樣,是因為在上班時克制自己的情緒是所有人約定俗成的事情,而下班回到家放鬆自己,也成了所有人的條件反射。所以,我們有必要在自己的大腦中安裝一個「警報器」,當自己踏進家門時,自動拉響「警報器」並告訴自己:父母雖然不是外人,但他們也需要尊重和理解。

　　對父母而言,如果小孩能笑著回答自己的噓寒問暖,虛心接受自己的諄諄教誨,一輩子做自己貼心的「小寶貝」,就是他們最期待的幸福。

　　所以,別再為自己的壞脾氣找藉口了。你之所以沒有陪父母好好聊聊天、看看電視,不是因為情緒化的本能,而是沒有將控制情緒變成本能。如果能做到這一點,幸福必定會光顧你的家庭。

第三章　和父母相處，其實可以更輕鬆

● 把最好的情緒留給父母

「哎呀，媽，我跟你說了多少次了，煮飯的時候少放油、少放鹽。」

「哎呀，爸，不是跟你說過關電腦不能直接拔電源，你怎麼老是記不住？」

「哎呀，媽，不是已經告訴過你，不同顏色的衣服要分開洗的嘛。」

「哎呀，爸……」

當你每天都在抱怨父母的各種不好時，有沒有主動去了解過自己的父母，有沒有心平氣和地與他們聊聊天？況且，既然你對父母有這麼多抱怨，為什麼不選擇搬出去自己住？如果你沒有離開父母的勇氣，或者處於某些原因不得不待在父母身邊，為什麼就不能把自己最好的一面留給父母？為什麼一定要用這種最讓人鄙視的溝通方式和最討人厭的面目和父母相處呢？

有一段時間，周鳴因為工作原因，神經一直處於高度緊繃狀態，情緒也非常不穩定，甚至拒絕和父母說話。但哪有不疼愛小孩的父母？為了緩解他的情緒，周鳴的父母時不時地說一些好笑的事情逗他開心，腿不好的母親甚至會一大早跑到市場去買他最喜歡的櫻桃。

面對父母的關心，周鳴卻不為所動，總是當著爸媽的面

「砰」的一聲鎖上房門。後來，周鳴的母親終於在心力交瘁之下住進了醫院。

　　周鳴這才知道，在自己為工作煩心的這段時間，母親的胃裡發現了一個囊腫。原本既可以選擇手術也可以選擇保守治療，但母親膽子小，怕進了手術室就出不來了，所以堅決選擇保守治療。父親原本想和他商量，但每次都被他反感的情緒打斷。這麼一耽誤，母親就錯過了最佳的手術時間。

　　看著躺在病床上的母親，周鳴恨死自己了。他後悔自己當時無法控制住情緒，後悔將工作中的緊張和壓力帶回家，後悔因為自己的易怒和焦躁為父母帶來了傷害。唯一值得慶幸的是，母親雖然錯過了最佳手術時間，但手術依然成功了。

　　後來，周鳴再沒有將緊張、壓抑的情緒帶回家。哪怕他前一秒還在用怒火中燒的語氣和同事談工作，轉頭打電話給父母時，依然能抑制住心裡的怒火，用心平氣和的語氣和父母交談。家裡的氛圍再沒像之前那麼緊繃過。

　　我們不說父愛、母愛是如何偉大，也不說對父母的養育之恩要如何報答，只說在我們與父母漸行漸遠的歷程中，在我們與父母過一天少一天的日子裡，為什麼就不能與父母好好相處呢？

　　人生有限，我們與父母相處的時間原本就不多。如果在和父母相處的這段時間裡，我們總是不顧父母的感受，用他們的身體健康和眼淚滿足自身的情緒勒索，我們遲早有一天要為自己的行為買單。

第三章　和父母相處，其實可以更輕鬆

　　尤其是當父母慢慢老去，我們漸漸長大的時候，不要讓自己的成熟只表現在外在，更重要的是我們的內心。學會輕聲細語地和父母說話，讓他們得到你帶給他們的幸福。而最簡單的方式，就是把最好的情緒留給父母。

　　一天，林笑到超市買東西，路過社區門口時，看到一位大姐因為一些衝突和管理員爭吵。最後大姐氣沖沖地走了，林笑心想：這個大姐脾氣真火爆。但也沒太在意。

　　買完東西回家，林笑發現大姐一個人在樓下來回走動。出於好奇，林笑問她：「為什麼不回家？」大姐笑著說：「剛吵完架，心裡煩躁，現在回家害怕把壞情緒帶回家，我爸媽看到會擔心的。」然後，她深吸了幾口氣，帶著微笑上了樓。

　　大姐走後，林笑呆愣了很久，不自覺開始敬佩她，因為她懂得把最好的情緒留給家人。

　　一名作家說過：「對親近的人挑剔是本能，但克服本能，做到對親近的人不挑剔是種教養，我們要警惕本能，培養教養。」對待外人和陌生人的彬彬有禮，有可能只是一種處世的圓滑與世故；而將好情緒留給最親近的父母，才是一種深入骨髓的教養。因此，當你帶著不良情緒回家時，不妨深吸一口氣，告訴自己，要把最好的情緒留給家人。當你這樣做的時候，家人也會以同樣的方式對你，幸福也會不請自來。

● 成家後別再過度依賴父母

當下,「七年級生」、「八年級生」的身上被人們貼了許多標籤,「啃老族」就是其中的典型代表,以此來形容那些成年後依然依靠父母生活,而不是選擇獨立的人。所謂獨立,必然是從經濟獨立開始的,有多大能力,就過多美的生活。相比較而言,我們這一代人的物質生活比上一代人要豐富得多,雖然大部分人整日叫苦不迭,但真正吃過苦的人並不多。而大部分人的痛苦並非來自溫飽問題,而是因為自身能力太小,想要的東西又太多。在這種條件下,「啃老」似乎就成了部分年輕人一個理所當然的選項。

堂哥結婚,在結婚典禮上,他媽媽哭得淚流滿面。要說嫁女兒的父母哭還可以理解,因為捨不得嘛。你說兒子娶妻,她哭得這麼厲害,到底是為什麼?

原來,為了堂哥這一場婚禮,兩老幾乎扒掉了自己一層皮,又是買車,又是買房,還得添購家具,什麼都沒遺漏。問題是,花了不少錢不說,還受了不少委屈,兒子、兒媳竟然認為父母為他們張羅這些是理所應當的,半個謝字都沒有。

有研究顯示,「啃老族」是一種社會的產物,也是家庭教育的敗筆,失敗的家庭教育才導致小孩一直過分依賴父母。心理學研究中,所謂過分依賴,是指兒童在應該具有一定獨立能力

的年齡層，仍然過多地依戀父母，而且這種依賴性絲毫沒有因年齡的增長而減輕。如不敢獨自在家，非要父母陪伴才行；自己的事情不能自己完成，必須依賴父母的幫助；不愛自己洗衣服，等父母來幫忙；對諸事沒有主見，依靠父母幫助拿主意等，都屬於過度依賴父母的行為。

原本屬於兒童對父母的這種過分依賴，現在傳到了成年人的身上。比如去學校接小孩，看到站在校門口的大多是爺爺奶奶、外公外婆；子女去上班，父母幫忙負責三餐等現象。

父母勞苦了一輩子，年輕時為家庭，為子女，為老人，為工作……好不容易盼到退休了，可以安享晚年了，還要為下下一代服務。其實父母為兒女付出再多，都不會有怨言，這就是父母對小孩的愛，如路長，如海深。可兒女們對父母的愛和體貼呢，也許陪父母多說一句話的時間也沒有，陪父母過一個節日也難，親手為父母做一頓飯的時間也沒有。是忙嗎？也許不是，因為在兒女們的眼中，父母是偉大的，是能幹的，是不會老的，是不知道疲憊的。

可是，你知不知道，當你把父母給予你的一切，都認為是理所當然的時候，無形之中也讓父母造成了負擔？他們好不容易熬到子女都成家立業，好不容易有了時間去做自己年輕時候想做而未能做的事情，現在卻不得不為了我們再次放棄。所以，我們要盡快獨立，別再過度依賴父母了。讓他們可以四處走走，安享晚年。

成家後別再過度依賴父母

從小到大，李歡一直都在父母細心地呵護下成長。大學時，她又遇見了一個十分疼她的男朋友，事事都幫她安排好。所以畢業沒多久，她就結婚了。

可以說，李歡一直過著被呵護的日子，養尊處優。所以，她總是朋友們羨慕的對象，她對自己的生活也很滿足。直到後來生了小孩，一些問題才突顯出來。

為了能照顧好小孩，她在家休息了很長一段時間。但在這段時間裡，雖然請了月嫂，還有她媽媽過來幫忙，她依然手忙腳亂，每天緊張得不得了。更重要的是，家裡突然多了一個比她更需要照顧的人，還是必須由她親自照顧的人，讓她再也沒辦法輕鬆自在了。

其實，父母是不能靠一輩子的。如果我們現在還不鍛練生活能力，當有一天父母老了，不在身邊了，我們又該依靠誰呢？如果父母什麼都替我們做了，表面上看來，這是為我們好，但是將來我們該怨父母為什麼小時候不培養我們的生活自理能力。

當然做父母的也應該懂得放手，為小孩騰出一方天地，讓他們去折騰。只要大方向上不錯，便可以撒手讓兒女去做。這樣不僅你不用承擔過重的負擔，還能讓子女慢慢地成長。如此一來，你就可以過一下清閒的日子，比如沒事的時候到老年活動中心唱歌、跳舞，或者和一些老人們出去旅遊。這才是老年人的生活，充滿快樂和清閒，而不是沒完沒了地為兒女們操心。所以，父母們請放手，兒女們也不要太依賴父母！

第三章　和父母相處，其實可以更輕鬆

● 問候父母的電話要經常打

習慣在擁擠的城市中工作的你，是不是累了就不想說話，回家的次數屈指可數，即便是打電話，也不知道該和父母說什麼好。長此以往，對家庭生活的和諧發展是非常不利的。

打電話給父母，究竟該聊些什麼呢？聰明人在和父母的通話中，總能聊完天氣聊健康，從爸爸最近研究的新菜式到媽媽前幾天新學的舞步，再到張家長李家短，每次絕對能聊半小時以上。而保持每次通話都有話題的方法，「問」是關鍵。比如問問家裡最近有沒有買什麼新東西，爸爸說買了廚房用具，媽媽說買了新衣服，然後聊著聊著就到了最近有沒有旅遊計畫，哪些地方比較好玩等。

下面我們就來看看，打電話給父母，聰明人都是怎麼說的。

說說近期的情況

如果是剛上大學或是剛參加工作的人，可以向父母詳細介紹一下學校、公司的情況，最好拍些照片給父母看，讓他們對我們的生活更加了解。即便父母嘴上說：「不要一直打電話了，我們都很好，不用掛念，省一點電話費吧。」但他們卻打從心底想聽聽小孩的聲音。對於你的感謝，父母可能會說：「你少來這一套。」但他們的心裡一定很高興。

張悅打電話給父母時，總是喜歡跟他們說說自己的進步：「媽，昨天我談成了一個合約，老闆說我有能力，要幫我加薪呢。」、「爸，今天上午我們老闆又誇獎我了，說我辦事可靠、靈活，你女兒厲害吧。」

沒想到，上午剛開完會，她又打電話回家了：

「喂，媽，我這個月在公司的銷售排名第一，老闆還在會上特地誇獎我了呢。」

「呦，是嗎？」

「當然了，更何況我還是個新人，我們老闆說我能拿到這樣的成績很厲害。」

「是是是，你從小讀書就厲害，一直是媽媽的驕傲。」

「就是嘛，我可是遺傳了爸爸媽媽的所有優點呢。」

「你這小子，就會哄我開心。」

「哪有，人家說的是實話。」

「呵呵呵，好，一天到晚……」

多向父母討教為人處世之道

你的父母，可能沒有高學歷，也不是什麼高官富商，但他們走過的路比你多，社會經驗也比你豐富得多。所以，在遇到一些困惑時，你完全可以多向他們取經，問問他們對某件事的看法。

個人感情問題，要多請教父母

你的個人感情問題，絕不僅僅只是兩個人的事，更是兩個家庭的事。雖然現在已經不是什麼「父母之命，媒妁之言」的年代，但你還是要主動向父母介紹另一半的情況，提前做好溝通，避免日後產生隔閡。

少向父母伸手要錢

現在很多剛開始工作的人，在自己賺不了多少錢的情況下，依然花錢如流水，時常向家裡要錢。事實上，你沒什麼錢的時候的確可以不向父母上繳，但心安理得地做「啃老族」，就有點過分了。所以，打電話給父母的時候，最好多關心一下父母的身體、健康、生活等問題，多提「情」字，少提「錢」字。

聊完上面這些問題後，父母通常都會對你說些關切的話語，比如「注意身體」、「少熬夜」、「早點休息」、「吃好點」⋯⋯然後你順便就可以接一句：「嗯，都很好。」再說說最近買了什麼新衣服，家裡有什麼水果、牛奶、飲料，「就是怕你們捨不得買，天天說自己不需要營養，怕胖，沒問題的，這是強身健體的，又不是增胖的，適量補充些營養對身體沒壞處，怕胖少吃肉、不要喝甜的就是了」。

像這種，了解父母身體情況，並結合自身生活經驗，把一些合適、實用的小妙招及時推薦給父母。比如說父母有段時間便

祕，如果剛好你之前因為工作壓力大，用過一段時間普洱茶，效果還不錯，那不妨就告訴父母。就算你不知道怎麼解決，也可以查查相關資料，再把適合父母的方法告訴他們。

另外，最好經常給父母一點暗示，表示自己需要他們，請他們為我們做一點事，哪怕你自己就能做得比父母好。這會讓父母覺得，自己還是很有用的。

需要注意的是，打電話給父母時盡量別說自己的煩惱和憂愁。你遇到困難，可以求助同學、朋友、同事，甚至是求助主管。但不到萬不得已的時候，不要向父母求助。有報導說，有個女大學生剛就業，一遇到問題就找父母訴苦，動不動就聲淚俱下。父母當時安慰她，背地裡卻老淚縱橫，擔心小孩是不是受了什麼委屈。這簡直就是在父母的心口上捅一刀。

總而言之，當我們和父母說自己的近況時，要注意什麼該說，什麼不該說，才是建立正面家庭關係的有效方式。

第三章　和父母相處，其實可以更輕鬆

● 陪伴，給父母最好的禮物

前段時間，社群網站上瘋狂轉傳著一個叫「presents（禮物）」的動畫片：

一個長期不能回家的兒子對母親感到愧疚，便不斷買禮物給她。一次，他送了一個機器人給母親。機器人跟母親的關係從一開始的生疏到逐漸親密，機器人依賴電池生存，每當它快沒電的時候，母親就往機器人心口的位置放上新電池。後來，年邁的母親坐在搖椅上失去知覺，機器人怎麼也叫不醒她，就到房間裡拿了一大把電池放進母親的口袋裡，但她的手卻慢慢垂了下去，再也沒有抬起來。

時間是美好而殘忍的東西，不管你如何懊惱、請求，它都不會為你稍作停滯。生活中，我們常常因為工作忙、沒時間等各種理由，不斷讓父母失望。好像大家都沒有意識到，那個曾經能把我們舉過頭頂的手臂已經沒力氣了，他們的頭髮白了，背彎了，就連走路也走不快了；更沒有意識到，自己的陪伴對於父母而言，是多麼可貴。

社會制度的不健全，造成了「空巢老人」的問題。因為很多子女工作在外，很少回家，平日裡也很少聯絡，兩老只能互相為伴，有的老伴過世得早，只能一個人孤零零地生活在老家，孤獨寂寞。

「樹欲靜而風不止，子欲養而親不待」，這是我們常說的一句話。誰也不想等到父母離去的時候才去體會這句話的深刻含義。也許我們在年輕的時候只顧著為事業打拚，覺得要讓父母和小孩過上好日子，就要盡最大努力去賺錢，卻沒發現，在這個過程中，父母已經漸漸老去。等到了事業有成、家境豐裕的時候才驚覺，父母已經垂垂老矣，無法再去享受這些物質上的孝心了。其實天下的父母都一樣，他們最大的心願，就是希望兒女能常回家看看，希望兒孫多一點時間陪在自己身邊。

舒清從國中就開始住校讀書。在那個容易想家的年紀離開家，讓她更渴望家庭的溫暖。上學期間，她每天的任務之一就是打電話給父母，每次回家，都覺得好像隔了好幾年。

大學畢業那年，她得到了一個不錯的面試機會，最終面試也通過了。但公司方面表示，上班頭兩年必須要在離家很遠的總公司工作，等到了合適的時候，才有機會調回離家較近的縣市。

如果這份工作落定，她的未來幾乎可以確定就在那個遙遠的城市扎根了。但她幾番思考後，還是放棄了這份工作，然後開始在家附近找工作。她之所以這麼做，就是為了至少能在週末回家一趟，為漸漸老去卻仍在忙碌的雙親做上一頓熱呼呼的飯菜，和他們一起看看電視，陪他們在院子裡聊天。

每個人的生命都在一步步接近衰老，而風華正茂的你，是否想過那養育你多年的父母？他們把餘熱都已發揮至盡，他們的

第三章　和父母相處，其實可以更輕鬆

人生正如一部戲劇般即將落幕，幾多淒涼。甚至很多父母即使已經年邁，還不服老，靠自己努力養活自己，盡量不給兒女添麻煩。身為兒女，應該體諒父母的心情，尤其是平常忙於工作、對父母疏於照顧的兒女，更應該對父母多一點體貼和關懷，多陪陪他們。

常回家看看是子女對父母行孝的過程，代表子女記掛父母。古人說：「父母在，不遠遊，遊必有方。」今天，大家需要走南闖北謀生存，的確不可能在家守著父母，但現代交通這麼發達，任何一個地方一天的時間就可以到達。只要有心，常回家看看絕對是可以實現的。就算是平時工作繁忙，不能經常回家，打個電話或者視訊問候一下父母，也能夠讓父母得到一些慰藉。

第四章

婚姻就像一場成長旅程，學會經營才有幸福

第四章　婚姻就像一場成長旅程，學會經營才有幸福

● 婚姻中的「刺蝟理論」

　　兩隻小刺蝟共同住在一個山洞裡。到了天氣非常寒冷的時候，牠們被凍得瑟瑟發抖。為了取暖，牠們決定擁抱在一起，卻又被對方身上的刺扎傷了。於是，兩隻刺蝟又分開。但是，天氣真的太冷了，牠們分開沒多久又冷得哆囉哆嗦。

　　經過幾次磨合後，兩隻刺蝟終於找到了合適的距離，既能取暖，又不至於被對方扎傷。

　　這就是刺蝟的生活哲學。後來，有人發現這兩隻刺蝟的經驗非常適合用在人際關係上，就把刺蝟的生存哲學歸結為「刺蝟理論」。其實，不僅人際關係上是這樣，婚姻生活中也是如此。如果夫妻之間也能像刺蝟一樣，彼此保持適當的距離，就會減少不必要的摩擦，使彼此少受傷害。

　　那麼，究竟什麼樣的距離才算「適當」呢？對此，美國心理學家愛德華・霍爾（Edward T.Hall）透過研究測試發現，人與人之間的距離可以分為以下幾個區域：

　　近程親密距離（15公分之內）：這是人際間最親密的距離，只存在於最親密的人之間，彼此能感受到對方的體溫和氣息。就交往情境而言，近程親密距離屬於私下情境，即使是關係親密的人，也很少在大庭廣眾之下保持如此近的距離，否則會讓人不舒服。

遠端親密距離（15～45公分）：這是稍遠一點的親密距離，身體上的接觸可表現為挽臂執手，勾肩搭背。一般能達到這種距離的，多為戀人、好朋友等。

個人距離（46～120公分）：這是人際間稍有分寸感的距離，近距離範圍在46～76公分之間，這個距離內的人直接的身體接觸較少，但能夠友好交談，讓彼此感到親密的氣息。個人距離中稍遠的距離範圍是76～120公分之間，一般情況下，只有熟人和朋友才能進入這個距離。人際交往中，個人距離通常是在非正式社交情境中使用，在正式社交場合則使用社交距離。

社交距離（120～210公分）：這是一種社交性或禮節上的人際距離，也是我們在辦公室中經常見到的距離範圍。這種距離給人一種安全感，處在這種距離中的兩個人，既不怕受到傷害，也不會覺得太生疏，可以友好交談。

大眾距離（370～760公分）：演說者與聽眾之間的標準距離就是大眾距離，還有明星與粉絲之間也是如此。這種距離能夠讓仰慕者更加喜歡偶像，既不會遙不可及，又能夠保持神祕感。

從空間上看，最親密的關係，如家人、戀人，往往呈現出距離最近的狀態。這是否意味著，我們相互之間要做到心理上的絕對透明呢？心理專家認為，「相愛就要完全公開是一個從表面上看沒問題，但從心理學上看具有殺傷力的法則，奉行它的人非常有可能在婚姻一開始，就喪失抵抗婚姻變故的能力。沒有人際距離感的婚姻是讓人窒息的，而這一定程度上也可能成為

第四章　婚姻就像一場成長旅程，學會經營才有幸福

對方出軌背叛的誘因之一」。

　　張晗和李莉從認識到結婚，已經有五年了。在這五年中，兩人從相知相惜到熟悉得不能再熟悉的感情歷程中，也算是驗證「距離產生美」的真理。

　　小吵──和好──大鬧──分居，他們的感情不知經歷了多少這樣的爭吵。按理說，如果總是這樣鬧，早該分道揚鑣了，但每當兩人真的不在一起的時候，彼此又都互相牽掛，紛紛念起對方平日裡的諸多好處，於是兩人又在親朋好友的勸解之下和好。

　　反覆幾次之後，夫妻兩人了解到這個問題不能這麼拖下去，必須盡快解決才行。於是，兩人便去找心理醫生治療，心理醫生告訴他們：「夫妻之間也要保持一定的距離，不能因為成了夫妻就不分你我了。」

　　可見，即便是親密如夫妻，也應該保持一定的距離，以免彼此因為太過親近而產生摩擦。就像一齣電視劇中，有一句母親勸解女兒的臺詞：「兩個人在一起生活，就像是兩隻刺蝟在一起過冬，離得太近，刺會扎到對方；離得太遠，會覺得冷。唯一的辦法就是：雙方都把自己身上的刺剪下一半。這樣，在一起既不會扎到對方，也不會感到冷，但是雙方都要忍著刺被剪下的痛。」

　　這位母親可以說是看清了婚姻的本質，與其說是在開導女兒，不如說是自己對婚姻生活的總結。

婚姻中的「刺蝟理論」

　　距離雖然能產生美，但同樣也會產生疏離。尤其是夫妻之間，如果過分保持距離，總是一副「相敬如賓」的樣子，將很難呈現出溫馨、幸福的婚姻狀態。所以，婚姻中學會保持「親密有間、疏而不遠」就顯得非常重要了。

第四章　婚姻就像一場成長旅程，學會經營才有幸福

● 家務是婚姻的墳墓嗎

網路上有一則貼文，說一個結婚十年的妻子就因為丈夫四天沒洗碗，執意要和對方離婚。下面我們就來看看，這件事的前因後果究竟是如何。

37歲的張女士是名職業婦女，丈夫在一家公司上班，非常宅，又懶，很少做家事。平時因為有婆婆幫忙，再加上自己工作不太忙也無所謂。

但有一段時間張女士非常忙碌，沒時間照顧家裡，飯菜都是丈夫從婆家帶回來。大概四天後，閒下來的張女士在廚房裡看到水槽裡積了四天的碗。她很生氣，一邊洗碗一邊流淚，心裡覺得非常委屈。

自己和丈夫一樣賺錢，還包攬了所有家務，而丈夫除了拿點錢回家之外，對這個家什麼貢獻也沒有。越想越難過，覺得有個老公還不如自己一個人舒服。

這是個男人看了搖頭，女人看了嘆氣的故事。可能有人不了解，不過是幾天沒洗碗而已，相處十年的夫妻感情難道比不過一點家務？究其根本原因，其實與洗碗沒多大關係，主要是對於同樣在職場上付出的現代女性而言，更希望擁有一種健康的親密關係，希望丈夫能尊重自己，並承擔一個男人應盡的責任和義務。

家務是婚姻的墳墓嗎

時常觀察身邊女性的人可能會發現,凡是丈夫習慣良好,會適當分擔家務、帶小孩的,其家庭基本都會呈現出非常融洽、情感遞增的模式。反之,如果丈夫從不做家務,妻子的抱怨就會非常多,兩人吵架的頻率也會非常高。

對此,米勒(Rowland Miller)和帕爾曼(Daniel Perlman)在《親密關係》(*Intimate Relationships*)一書中以統計樣本的方式分析指出,在一個家庭中,當妻子需要承擔全部或大部分家務時,其婚姻幸福感為負值,反之亦然。只有當夫妻共同合作或者家務承擔大致均衡時,雙方的婚姻幸福感才能表現為正值。

英國的相關研究也證明:男人不做家務的家庭,比男人做家務的家庭,離婚風險高了97%!由此可見,男人做家務,對家庭的和諧發展以及夫妻感情的延續是非常重要的。

再想想看,為什麼中國已婚女性普遍幸福感不高?可以說,做不完的家務要占大部分原因。女人白天辛苦上班,下班後還要面對堆積如山的家務,誰還能產生幸福感?

時間可以證明愛情,但也能毀滅婚姻。身為飲食男女,我們每個人都無法跳出柴米油鹽的炊煙之外,但真正的幸福,是將愛灌進簡單瑣碎的日子裡,並且雙方共同努力。

在一集電視節目中,有一段影片在網路上非常熱門。一個小女孩站在臺上說:「我想對媽媽說句話。」剛說完,小女孩就開始哽咽了。她的樣子把臺下的父母嚇了一跳,然後就聽到她向臺下的媽媽大聲說:「你能不能別對爸爸撒嬌了?」

第四章　婚姻就像一場成長旅程，學會經營才有幸福

一句話讓臺下的觀眾笑成一團，她的父母更是哭笑不得。

「媽媽是怎麼跟爸爸撒嬌的？」主持人問她。

小女孩學著媽媽平時的語氣回答：

「豬頭，給我去倒垃圾。」

「豬頭，快點去給我削水果。」

「豬頭，趕快去給我煮飯。」

雖說這是小女孩對媽媽的抱怨，但大家都不約而同地表示「她在炫耀父母多恩愛」。看這個女孩就知道，她的爸爸一定很寵愛媽媽，是一個願意替妻子分擔家務的好男人。

相關機構調查 2,337 對「1980 年代後期」夫妻的家務分工，結果顯示：36.8% 的人表示妻子投入家務的時間較多；31.5% 的人表示雙方共同分擔家務；15.0% 的人表示是丈夫投入家務的時間較多；還有 5.6% 的人表示家務是由父母做。需要注意的是，儘管其中有 71.9% 的人認為夫妻雙方共同承擔家務有利於家庭穩定，但還是有 52.2% 的人表示和伴侶曾因家務分工的問題爭吵過，只有 37.2% 的人沒有因此發生過爭執。

繁忙的工作加上瑣碎的家務，對婚姻中的兩人形成壓力。因此，家務常常成為家庭戰爭的導火線，而爭吵無疑會傷害到兩人的感情，甚至動搖婚姻關係。所以有人說「家務是婚姻的墳墓」。對於家務繁多的家庭，想要多一些浪漫的時間，可能要有讓家裡「雜亂無章」的勇氣。如果真有讓自己開心的事，少拖一次地板、少洗一次衣服又有何妨呢？

家務是婚姻的墳墓嗎

一個週末,天氣很好,剛結婚不久的曉琳本來想好好做家務,可是明媚的陽光和如洗的晴空,讓夫妻兩人無法專心。兩人相視一笑,不約而同地向對方發出邀請:「去郊遊吧?」於是,他們把洗了一半的衣服和落著灰塵的地板拋在腦後,騎著腳踏車,帶著食物來到風景如畫的郊外,心情像風一樣自由快樂!

很多人說結婚就是柴米油鹽醬醋茶,但換個角度想,結婚其實是吃著用這些東西做出的美味佳餚,然後一起享受清風明月般的浪漫情懷。這其中的區別就在於你是否把家務看得過重,使其凌駕於快樂之上。

如果處理得好,兩人都能正確地理解家務在家庭生活中的位置,了解自己該承擔的責任和義務。更理想的情況是,夫妻兩人能夠把家務轉化為兩人情感交流的方式,此時家務就不再是負擔,反而是增進夫妻感情的保鮮劑。

第四章　婚姻就像一場成長旅程，學會經營才有幸福

● 有了小孩，就沒了溝通嗎

兩人之家的日子，大多是甜甜蜜蜜、如膠似漆。但當家裡添了一個小孩，就會覺得這樣的生活並不只是多了一個人那麼簡單。這個時候，你的婚姻幸福感是多了還是少了呢？

「有了小孩後，我和老公的距離越來越遠了。」咖啡廳裡，曉雯跟好姊妹抱怨道。

曉雯告訴好姊妹，現在兩人的狀態是：丈夫下班回家吃完飯就上網看新聞或者玩遊戲，還經常加班或者有應酬，回來就睡覺。而她每晚的活動就是督促小孩盥洗，幫小孩講故事，哄小孩睡覺。兩人幾乎不說話。如果有事要商量，比如幫小孩報哪個才藝班，或者週末回不回奶奶家什麼的，丈夫都會迅速用「你決定吧」來結束談話。

對於這種情況，曉雯也反思過，覺得是不是有了小孩以後，自己跟老公說的關於小孩的事太多了，讓他反感了？難道有了小孩就沒了溝通嗎？這種情況到底該怎麼辦？

很多年輕人在做了父母之後，談論最多的話題就是小孩。那是不是意味著有小孩之後情境就不一樣了？的確，一個家庭中一旦有了小孩，就會形成三角關係，情境一定和原來戀愛或者婚後的兩人世界不一樣。以前大家的注意力都集中在對方身上，會很自然地關心對方的心情。小孩出生後，妻子要忙於照

顧小孩，沒有太多的精力去關注對方的情緒，可能並沒有了解到情境的改變。

但當兩個人的關係簡單到有事說事的狀態，時間久了，就會溝通不順暢，隨之而來的可能就是彼此之間的感情變淡。這是大家都不願意看到的，尤其是丈夫，他在小孩出生之後可能忍耐了一段時間，一直希望再次被妻子看到，被她聽到，得到她的關心，妻子卻一直沒有讓他得償所願。他的渴望總是不能被滿足，就會產生這樣的想法：妻子的眼裡根本就沒有自己，她的眼睛雖然看著自己，講的卻是小孩，自己在講什麼她也沒有聽見。

真的是有了小孩，夫妻之間就沒有溝通了嗎？

其實不然，只要夫妻兩人共同調整心態，正面迎接新生命的到來，處理好兩個人的關係，那麼小孩的出生不僅不會影響夫妻之間的感情，反而能夠促進家庭的和睦。

就拿最簡單的語言溝通來說。夫妻之間的溝通，並不是單純的就事論事，而是需要從一個更深的層面去相互「連結」，如果在溝通中能讓對方感覺到被尊重、被重視、被接納、被認同以及被愛，話題當然會越來越多。當溝通者的心情都不平靜的時候，即使是在說一件很好的事，表達出的訊息也可能與之不符，同樣，收到的訊息也會不一樣。我們的身體語言，比如神情、語氣、語調，都會影響這個過程。我們可以說小孩，但是要顧及對方的感受，要考慮怎麼說。

第四章　婚姻就像一場成長旅程，學會經營才有幸福

　　另一個方式就是要經常表達感謝。比如妻子感謝老公為家庭所做的努力，感謝他今晚非常努力地提早回家了；丈夫也應該感謝自己的妻子，畢竟女人孕育新生命是一個漫長而辛苦的過程。相信經過這樣的感謝之後，夫妻之間的溝通就會呈現出一些微妙的變化。兩個人在撫養小孩的過程中，假如遇到一些溝通的難題，那麼透過這樣的相互認可和相互感恩，相信困難也會隨之化解的。

　　康樂和老公結婚後很快有了小孩，但因為她太看重小孩而忽視了丈夫，差點讓這段婚姻走向了終點。為了解決這一問題，康樂和丈夫都做出了努力。

　　首先，丈夫開始轉變自己的想法，不再認為自己是被「忽視」的，而是透過努力和付出來表現自己的「存在感」，比如為勞累的妻子按摩幾下，多抱一下小孩等，就會讓妻子對他的關心加倍。

　　康樂了解了丈夫動不動就發脾氣、裝可憐等行為背後的心理和動機，並坦白地告訴丈夫：「我和小孩都需要你。」她開始經常對丈夫說自己需要他的幫助，如果沒有他，自己將無法獨自完成對小孩的教育。

　　一段時間後，丈夫不再一回家就沉默地坐在一旁，家裡又重新找回了歡笑聲。

　　為人父母，不像學開車，事先得考駕照，然後才可以上路。每個人都是當了父母後才學習如何做父母，如何處理新的夫妻

關係的。小孩的到來為一個家庭帶來全新的氛圍，年輕夫婦要從中學會相互理解、相互關愛。

　　血濃於水，作為愛情的結晶，小孩寄託著我們對未來的希望，夫妻之間更需要不斷地溝通和彼此的寬容，讓每一份感動拉近心與心的距離。在小孩面前，我們應該更懂得收斂和忍讓，讓小孩在愛的親情裡快樂成長，小孩應該是一份濃濃的牽掛，應該成為夫妻雙方關係的潤滑劑，只要懂得珍惜，小孩絕不會影響到夫妻之間的感情。

第四章　婚姻就像一場成長旅程，學會經營才有幸福

● 夫妻之間該不該有隱私

在一個關於「夫妻之間該不該有隱私」的論壇上，其中有兩則貼文被置頂了。其中一則貼文是這樣寫的：

他的手機我連碰都不能碰的，一碰就是要偷看他的隱私。我就是看也是光明正大地看，怎麼叫偷看？更何況，他說他有隱私這句話已經讓我感覺很不舒服了。我把他當老公，他卻把我當賊。對我還有一堆的隱私！我何曾對他有過隱私？夫妻之間還談隱私？

另一則貼文則是這樣寫的：

我從來不去看他手機，我老公也一樣，從來不會去看我手機。有什麼好看的，都知道各自的生活圈，各自的朋友也基本上沒交集，就算是夫妻，也沒必要事事都知道。我和我老公結婚六年了，小孩都兩個了還能甜蜜如初，我想這也是因為彼此的信任。

記得當初剛在一起的時候，我就半開玩笑地對他說過：「你想要我乖乖的，那麼就請管好你自己，如果你想向外發展，你就有本事別讓我知道，不然就別怪我發展得比你更厲害。」所以，何必去在意他有什麼祕密，不如好好經營自己、經營家庭，讓他的祕密只發生在你身上。

夫妻之間該不該有隱私

英國媒體曾公布過一項調查結果，在 1,129 名參加問卷調查的人中，53％的受調查者承認曾偷看伴侶的手機訊息，在 25～34 歲年齡層的受調查者中，偷看訊息者比例高達 77％；42％的受調查者說他們曾經閱讀過伴侶的電子郵件，31％的人承認曾偷聽伴侶談話。

澳洲一家市場調查公司也曾對 500 多名 18～29 歲的手機使用者展開過一項調查，結果顯示：三分之一的手機使用者偷看過情侶的訊息，而且女性比男性更愛偷窺情侶的手機訊息，而看伴侶手機訊息的結果往往令人痛心不已。調查顯示，儘管有近 45％的受訪者在伴侶的手機上發現了調情或色情訊息，但仍有 73％的受訪者事後後悔自己不該那麼做，而 10％的人則因此與對方分手。

不知道你是否也有過偷看伴侶訊息的經歷？看過之後有什麼感覺？或許，偷看過的人都會有一種做賊心虛的感覺吧。那麼，如何正確看待夫妻之間的隱私呢？相關研究人員認為，家庭成員之間要尊重彼此的隱私。

隱私是人際關係中的重要部分。從字面上講，尊重隱私，也就是尊重對方不願公開的事，這意味著尊重對方獨立的人格，而夫妻之間應該有這樣一種文明觀念和教養。有時，你不知道說什麼，或者不想和對方分享你的感受時，你可以毫不隱瞞地說「我不想告訴你」或是「我不知道對你說什麼」。

第四章　婚姻就像一場成長旅程，學會經營才有幸福

　　但是，直接告訴你親近的人你不想表露一些隱私，很容易讓對方感到不舒服，而且對親近之人保守祕密很容易讓對方造成傷害。如果雙方清楚自己可以與對方分享祕密的空間，無論是分享內心的隱私還是共用一間浴室，那麼你們或許能忍受這種不舒服的感覺。但問題的關鍵在於大多數人不能忍受，所以如果你不想在此時此刻說出內心的想法，直截了當地說「現在我不太想談我的想法和感受」會比使用擋箭牌掩飾情感好得多。

　　一名心理醫生認為，夫妻關係是一種特殊的人際關係，必須先遵循人際關係的一些原則，才可能發展親密關係。但事實往往與此背道而馳，從談戀愛開始，就有很多人奉行相愛就要開誠布公的法則，甚至以公開透明的程度來檢驗愛的忠誠度。步入婚姻殿堂，更是需要進一步地坦白。社群帳號密碼、手機訊息、個人信箱、青春期戀愛史，甚至是性接觸史⋯⋯通通匯報上來，進而稽核對方有沒有不忠的事實和背叛的可能性。

　　事實上，如果你懷疑對方有什麼問題，不妨跟對方直接談，偷看訊息等行為，只會演變成一種惡性循環，結果傷人傷己。對於夫妻之間的隱私，一名學者曾經有過經典的論述，相信這些話對大家也會有所啟發：

　　「有時候，一個人會有向人傾訴內心的願望，但這種願望的發生往往取決於特殊的情境和心境，尤其強求不得。夫妻間最嚴重也最可笑的侵犯，莫過於以愛情的名義，強求對方向自己敞開心靈中的一切。可以斷定，凡是這樣做的人皆不知心靈為

何物。真正稱得上精神伴侶的是那樣的夫妻，他們懂得個人心靈自由空間的重要，譬如說不會要求互相公開日記或其他的私人通訊。」

夫妻間有太多事實上的隱私絕非好事，它證明了疏遠和隔閡。好在隱私有一個特別的性質：它願意向尊重它的人公開。所以，在充滿信任氛圍的好的婚姻中，夫妻間最尊重對方的隱私權，因而隱私往往最少。其實，正如一句臺詞所說的，「沒有祕密的男人還可愛嗎？」對於隱私，尊重和溝通才是最好的處理方法。

第四章　婚姻就像一場成長旅程，學會經營才有幸福

● 愛他就要說出來

　　很多人可能都覺得，夫妻兩人成天生活在一起，相處時間長了，哪有那麼多的情話可以說？殊不知，女人天生就愛聽甜言蜜語，而沐浴在愛河中的女人的字典裡，是永遠沒有老套的字眼的。當然，這並不是說，只有女人才喜歡甜言蜜語，男人有時對甜言蜜語也是十分受用的，鐵漢也有柔情的一面。

　　張先生和妻子已經結婚八年了，曾經的他，一度羞怯於向妻子傾吐自己滿腔的愛意。一天晚上，可能是因為當時氣氛很好，又或許是因為其他原因，他深吸了一口氣後，就開始滔滔不絕地向妻子吐露對她的愛戀。

　　他告訴妻子：「對我而言，你是世界上最不平常的女子。」這番熱情洋溢的話不僅讓妻子萬分激動，連他自己也感動不已。

　　現在，他一有機會便會向妻子表達愛意，說甜言蜜語。而每次說完後，他都覺得彼此的感情比以前更熾熱了。

　　由此可見，甜言蜜語絕非多此一舉，而是夫妻之間增進感情的一種良好途徑。因為對相愛的人來說，情話是世界上最好聽的語言，而這種好聽的話永遠都不嫌多。所以，不論是一見鍾情的少男少女，還是同舟共濟幾十年的老夫老妻，綿綿情話總是說了又說，講了又講。每每聽到伴侶說「我愛你」，總是能激起萬般柔情，千種蜜意。

而且，甜言蜜語也不一定就是那些卿卿我我的肉麻情話，在不同的時間，不同的地點，巧妙地運用自己的柔情向伴侶撒嬌、嗔怪等，都是甜言蜜語的一種表現，都可能達到意想不到的效果。

在大庭廣眾之下的甜言蜜語

一提起甜言蜜語，很多人都會將它和隱私聯想在一起，總感覺只有兩人獨處，耳鬢廝磨時才會有甜言蜜語。其實不然，甜言蜜語，不僅僅包括「我愛你」、「我想你」之類的柔情話語，還包括那些只有兩個人才懂得的「私人用語」。比如夫妻之間的甜蜜稱呼就屬於這類「私人用語」，其中意味只有夫妻兩人知道，即使在大庭廣眾之下說出來也無妨。

中秋節，小剛和妻子按照慣例到父母家吃團圓飯。因為早上起得有些早，妻子就到臥室裡休息了一下。等她起來後，小剛見妻子睡眼矇矓、無精打采的樣子，便笑著說：「你看你，睡眼惺忪的，像隻貓似的。」妻子也不甘示弱，立刻回敬道：「哪像你呀，吃飽了的猴，就知道耍寶。」說完兩人會心地笑了。

原來小剛和妻子私下裡經常以「小貓」和「懶猴」互稱對方，此中傳達的愛意，自是外人無法領會的。

第四章　婚姻就像一場成長旅程，學會經營才有幸福

分處兩地的夫妻間的甜言蜜語

老天有時候總喜歡給相戀的夫妻一些考驗，以此來驗證他們的感情是否牢固，而將一對夫妻分置兩地就是它常用的一種方法。這時候雙方都需要來自對方的關懷和撫慰，甜言蜜語的「熱線電話」當然是不能少的了。

女：你幹什麼呢？

男：打電話給你啊！

女：我知道！想不想我？

男：當然想了，每天都想！

女：騙人的！

男：沒有啊，我真的很想你！

女：我也想你！

男：沒關係，我馬上就要回去了，不要太想我了，注意身體！

女：你也是！

在這段通話中，夫妻雙方都在以甜言蜜語安撫對方。身處兩地，思念之情，溢於言表，這是人之常情，也是情感的真實流露，絲毫不會給予人做作、肉麻之感，這時候的甜言蜜語已然成了雙方的肺腑之言。經過了這樣的分別，相信他們會更加想念對方，感情會加深許多。

久別重逢的夫妻間的甜言蜜語

俗話說，小別勝新婚。經歷了小小的分別，再度重逢，所有的關懷和問候，都化成了甜言蜜語。這時候，如何直白地表述都不為過。

你可以說：「你真的回來了，我不是在做夢吧，如果是做夢，我寧願永遠也不醒過來。」

你也可以擁著你的伴侶對她（他）說：「跟你在一起的感覺真好，我們再也不要分開了。」

這種久別重逢的感覺，恐怕只有經歷過的人才能深刻體會，在此時使用任何甜言蜜語都不用害羞，這時的甜言蜜語也絕不會使人感到厭煩，也許還會認為不夠呢。

夫妻之間，平淡的生活似乎將愛情轉化成了親情，讓一切都開始變得理所當然，但歲月也需要甜言蜜語來滋潤，一句「我愛你」，一句「我願意」，一句「不離不棄」，幸福指數就可能達到200%。所謂的「執子之手，與子偕老」，大概就是如此吧！一輩子還很長，用一句甜言蜜語，來溫暖他（她）的心吧！

第四章　婚姻就像一場成長旅程，學會經營才有幸福

● 吵得再凶，也不翻舊帳

　　兩個人一起生活，平日裡瓶瓶罐罐，瑣事一堆，偶爾鬥嘴，可以說是免不了的。但是，如果雙方吵起來沒有底線，總是隨意踐踏對方的人格和尊嚴，那吵架就不再是一件小事，而是足以危及婚姻的大事了。比如一吵架就「翻舊帳」。

　　不得不說，翻舊帳真的是一個很不好的習慣。夫妻相處，有時候為了彼此的感情和睦，即使自己受點委屈也是值得的。但如果夫妻一方為了占上風，總是舊事重提，揭對方的傷疤，那只會讓對方對你越來越厭惡，甚至會導致婚姻的破裂。

　　楊雨潔的丈夫兩年前出過一次軌，當時楊雨潔選擇原諒他。丈夫自知「罪孽深重」，對楊雨潔總是格外縱容與退讓，經常無微不至地照顧她。但是，這種「關懷」似乎更像是為了彌補內心的愧疚，而不是丈夫對妻子的愛。

　　為此，楊雨潔經常和丈夫鬧彆扭，動不動就說：「兩年前你那樣對我，我都原諒了你，你就不能多關心我一點嗎？你還有良心嗎？你還是不是男人？」

　　在她總是舊事重提的日子裡，丈夫的想法也從愧疚難安轉變為厭煩，覺得自己要是繼續和妻子生活下去，就永遠無法走出出軌事件的陰影。終於，在一次吵架後，他脫口說出了「離婚」二字。

吵得再凶，也不翻舊帳

他說：「我知道自己當年做錯了，但我受到的懲罰也夠多了。兩年來，我每天都活在對你的愧疚中，但你還時不時地翻舊帳，好像我就應該比你矮一截，應該對你俯首貼耳，我受不了了，這種無期的審判快要讓我崩潰了，所以離婚吧。」

很多夫妻一吵架就喜歡翻舊帳，抓住對方曾經的過錯不放。殊不知，你每拿出來說一次，無異於重新撕開對方的傷疤，在傷口上撒鹽。過去的事，就讓它隨時間逝去，永遠不要再提起了。人非聖賢，孰能無過，對方已經為之前的錯誤付出了應有的代價，而你也選擇了原諒他，那就不要再用之前的錯來束縛他，否則只會使人心生厭惡。

但有的人卻選擇利用對方過去犯下的錯來引發他的愧疚感，進而「威脅」對方聽從自己的意見或要求，甚至更過分的事。但是，很多人都忽略了一個核心問題，那就是對方順著自己，必須是建立在他（她）對你還有真愛的基礎之上。

只有當對方心中存有善念，且對你還有感情時，他們才會為之前所犯的過錯感到內疚。但如果你利用這一點來威脅對方，這種行為不僅可恥，還會將一個真正愛我們的人、一個心中有善意的人折磨得疲憊不堪，最終離我們而去。

當然，如果對方原本就人品不佳、心中缺乏善意，我們還透過「翻舊帳」的方式來驅使對方聽從我們的意見，就更不明智了。因為一個心中有惡念的人，是不會為他之前的錯而感到愧疚的，也不會因為你舊事重提而感到對不起你，進而為你讓步。

131

第四章　婚姻就像一場成長旅程，學會經營才有幸福

　　無論是從哪個方面來看，吵架時翻舊帳都是得不償失、沒有意義的做法。相反，總是抓住過去的錯不放手，還容易把「芝麻」吵成「西瓜」，導致最後難以收場。

　　而除了翻舊帳之外，還有很多禁區都是夫妻間吵架時應該極力避免的。比如一吵架就把「離婚」掛在嘴上，甚至將「離婚」作為婚後的口頭禪。像這樣的行為，可以說是婚姻的頭號殺手之一，一旦說得多了，就會淡化我們對離婚的敬畏，以至於將離婚視作兒戲。同時，這也是不尊重婚姻的表現。

　　有些夫妻在吵架時還喜歡牽扯對方的父母，這是非常沒禮貌的。我們平時跟別人發生衝突時都會說，「你有什麼就衝我來，別跟我的家人過不去」。夫妻之間也是如此，如果你一吵架就牽扯到對方父母，那就等於犯了大忌。一旦雙方有了心結，將很難解開。

　　還有的夫妻一吵架就會牽連第三者，或是朋友、同事，或是前任。英國心理學家研究顯示：夫妻間吵架時牽扯出親朋好友，會將戰場擴大，而將前任也扯進來，就會為感情帶來非常大的挑戰，憑空生出許多誤會。最好的做法就是，夫妻之間的吵架就讓它們「止步於」夫妻兩人之間，不要再將其他人牽扯進來。

　　另外，吵架歸吵架，千萬不要冷戰。你不理我，我不理你，這是最低階的溝通方式，不但不利於解決問題，還會在這種沉默中將彼此的誤會和怨氣擴大。生活中，很多夫妻就是這樣拖著拖著，時間一長，感情就淡了，最後落得各奔東西的下場。

總而言之，夫妻之間吵架不可怕，可怕的是傷了感情。兩個人有任何的問題，都可以透過溝通來解決，切不要因為一時衝動，犯下無法彌補的錯和說出難以挽回的話。只有健康的婚姻關係，才能有效提高婚姻的幸福感。

第四章　婚姻就像一場成長旅程，學會經營才有幸福

● 降低愛的「噪音」

在美滿婚姻的協奏曲中，有時也會出現一些小摩擦或難聽的聲音，我們將它比喻為「噪音」。當「噪音」出現時該怎麼辦呢？試著去勸服對方吧，那是維繫彼此感情的紅繩。至於勸服有沒有效果，就要看你的情商高不高，說話有沒有技巧了。

劉宇的妻子疑心病很重，不論多小的事都喜歡追根究柢，唯恐劉宇欺騙她。漸漸地，劉宇了解到這無論是對妻子還是對他們的婚姻生活，都是一種危險訊號。

於是，當妻子再次偷看了劉宇的訊息之後，他心平氣和地問：「你看了我的訊息是嗎？」

「嗯。」

「這樣做對嗎？」

「難道我們之間還有什麼祕密？」妻子盛氣凌人地反問。

「我們之間當然不應該有什麼祕密。而你看我的訊息卻是懷疑我有瞞著你的祕密，這本身就是對我的不信任。假如我偷看你的訊息，你會怎麼想？猜忌是婚姻的大敵，有害無益。你想想，那些因為夫妻相互猜忌而導致的家庭悲劇還不夠嗎？我們為什麼不能吸取教訓呢？為了我們長久的生活，以後我們多些信任，少些猜忌，好嗎？」

劉宇的一席話讓妻子低下了頭，表示自己以後再不會這樣了。

降低愛的「噪音」

　　劉宇採用的是一種直接性的勸服方式，透過這種一語中的、直接挑明事實的方式，向對方進行利弊分析，就能達到向對方「曉之以理」的效果。當然，在勸服的過程中，一定要照顧對方的自尊。試想一下，如果劉宇不顧及妻子的自尊心，開口就責問：「誰讓你偷看我的訊息？你這是在侵犯我的隱私！」那兩人最後的結果，大概只能是「決裂」了。

　　除此之外，夫妻之間還可以選擇間接性的勸服方式。就是在事情不挑明的情況下，委婉地針對這一事情勸服對方，從而使對方改變原本的看法和做法。

　　剛結婚時，林浩每天晚上都會去接妻子下班。後來，林浩的工作開始忙碌，就沒辦法去接了。但妻子卻覺得，林浩對她的感情和責任正在逐漸消失，是冷淡的表現，覺得有點不高興。

　　林浩知道她的想法後，在一個晚上抱著她說：「你知道，我們公司最近整天趕進度，都忙死了，你看我這幾天都沒好好休息。不過，雖然很辛苦，但一想到你，就一點累的感覺都沒有了。是不是很神奇？我記得英國作家毛姆（W. Somerset Maugham）的一句話，我很喜歡，現在送給你，『要是一個女人愛上你，除非連你的靈魂也讓她占有了，她是不會感到滿足的……男子的靈魂在宇宙的最遙遠的地方遨遊，女人卻想把它禁錮在家庭收支的帳簿裡……』」

　　聽完林浩的話，妻子知道自己錯怪了丈夫，也覺得自己對他太苛求、太自私了。但她不願意認錯，便不高興地對林浩說：

第四章　婚姻就像一場成長旅程，學會經營才有幸福

「我根本就沒有怪你，你幹嘛送我一句格言呢？你瞧不起我！」

林浩馬上說：「我當然知道你不是那樣小心眼的人，送給你那句話，是為了讓你知道你在我心中有多好，比那樣的人要高尚得多。」

看吧，只需要幾句巧妙的話，就能將婚姻中的「噪音」改寫成美妙的樂曲，避免幸福的婚姻受到汙染和刺激。所以，婚姻中的男女需要早一點學會這種藝術，才能讓自己的婚姻走向更加幸福的殿堂！

● 換種表達方式能加深夫妻感情

夫妻之間的感情越深，就越是看重對方，對對方說出來的話也越在乎。但夫妻兩人生活在一起難免有些摩擦，也難免在氣頭上說些口是心非的話。這時候，其實你只需要換一種表達方式，就能使夫妻之間的感情變得更加深厚。

把反問變成疑問

在語言表達中，反問是一種壓倒對方語言的有效方式。但因為反問會讓對方造成一種壓力，有唯我正確的味道，對夫妻關係的和諧發展非常不利，所以它不適合用在夫妻對話中。

比如丈夫在某天晚上沒回家，妻子追問：「你昨天晚上又到哪去玩了？」這樣一問，首先就會給人一種「我知道你不是因為工作才沒有回家」的感覺。如果丈夫的確是因為工作沒有回家，心裡就會覺得冤枉，就算嘴上不說，心裡也會不高興，甚至導致夫妻陷入冷戰的境地；如果丈夫是因為在外面和朋友吃喝玩樂而沒有回家，那「做賊心虛」的他說不定會當場頂你一句：「你不用管我！」那一場家庭戰爭可能就免不了了。

如果妻子能把反問為疑問，說：「你昨晚又加班了？我和小孩等你到半夜。你這段時間老是加班，可要多注意身體啊！」相

信丈夫在聽到這種帶有深厚關懷之情的問話時，一定會好好回答妻子的疑問。

把指責變成關懷

所謂「金無足赤，人無完人」，夫妻相處的過程中，一個人難免會犯錯。有的人一遇到伴侶有問題或犯錯時，要麼大發雷霆，要麼喋喋不休地指責。如此一來，即便錯的一方知道自己有錯，也為此感到愧疚，但在受到對方指責的同時，可能也會產生一種反抗心理，不利於問題的解決。因此，當對方所犯的並不是實質性、原則性的錯誤時，我們大可不必動怒指責，只要讓對方知道自己的問題就可以了。

比如丈夫每天都很晚回家，而且渾身帶著酒氣，妻子當然不高興。如果妻子說：「你還知道回家呀？乾脆死在外面算了！」那一場口角可能就會立刻上演。

但如果妻子換一種表達方式，說：「我知道你最近工作很忙，應酬很多，每天不能早點回家。但是小孩很想你啦，老是問：『爸爸怎麼還不回來呀？』沒想到小孩睡著了，剛才在夢中還念你呢！以後盡量早點回來，多陪陪小孩，不然小孩都和你疏遠了。」相較之下，這種方式一定比前一種方式的效果要好得多。

把命令變成協商

夫妻之間的關係原本是平等的，所以當一方希望另一方去做什麼事或如何去做時，應該用協商的口氣，而不是命令的口氣。

比如丈夫用商量的語氣對妻子說：「親愛的，這件襯衫你幫我洗一下好嗎？」這樣說的效果一定比用命令的語氣說：「幫我洗這件襯衫，快點！」效果要好得多。因為命令式的說話會給對方一種不平等的感覺，對夫妻間的感情發展是不利的。

把絕對變成相對

在夫妻相處的過程中，絕對式的語言容易偏離事實，同時說話的語氣也是非常傷人的。

一對小夫妻經常為一些小事鬥嘴，一鬥嘴，妻子就說：「結婚之後，你做過一件讓我高興的事嗎？沒有！」

丈夫難道真的沒做過一件讓你感到高興的事嗎？顯然是不大可能的。如此一來，對方一定會覺得委屈，從而導致雙方的「戰事」升級，把原本雞毛蒜皮的小事發展到不可收拾的地步。

如果妻子把這句絕對的話改變一下，換成「結婚之後，你做了很多讓我不滿意的事，你是不是也該好好想想了？」也許就會出現截然不同的效果。

第四章　婚姻就像一場成長旅程，學會經營才有幸福

學會提醒對方

夫妻雙方生活在同一片屋簷下，對彼此的生活習慣當然十分了解，對彼此的一些「小毛病」更是瞭如指掌。在對方可能出現這些毛病前及時給予提醒，是夫妻間相互關愛的一種具體表現。但應掌握好時機，因為如果這種提醒過於超前，直接先入為主地判斷對方要出現問題，並加以指責，不但不能發揮防患於未然的作用，還會讓對方感到不愉快。

比如丈夫經常在倒了開水後忘記蓋上瓶塞，這天，他剛倒完開水還沒有來得及蓋上瓶塞，妻子就大聲指責道：「看看，看看，又不蓋瓶塞？跟你說過多少遍了，就是不聽！」實際上，丈夫這次可能並沒有忘記蓋瓶塞。但因為妻子過於自信、過於超前的判斷，很可能就會讓這個本來不是問題的問題變得非常複雜。

如果妻子真的要防止丈夫出現類似的問題，完全可以用提醒的語氣說：「別忘了蓋上瓶塞呀！」相信丈夫更樂於接受這樣的話。

總而言之，面對同樣的問題，以不同的說話方式表達，可能就會獲得完全不同的效果。所以，夫妻之間都要加強自身修養提高情商，學著讓自己的說話方式盡可能豐富多彩，這樣不僅能增添生活的情趣，還能加深夫妻之間的感情，提升幸福感。

● 為了家庭，適當犧牲也是必要的

為了家庭的幸福和長治久安，夫妻雙方都有責任照顧這個營地。但現代家庭中，夫妻雙方都要追求各自的進步，都想實現個人的人生巔峰。然而並不是每個人都有能力掌握好自己的事情，也不是每個人都能做到真正的換位思考、為伴侶著想，才導致現實中完美的婚姻寥若晨星。

28歲的劉女士是一家公司的行政人員，結婚剛一年就想離婚了。因為她平時工作很忙，下班後還得洗衣服、煮飯、整理家務。而丈夫不僅一點忙都不幫，還總是到處挑剔，一下子飯菜不合口味，一下子衣服洗皺了沒燙，即使他閒著，也只是看電視、睡覺或找朋友打牌。

有一次，她病了，丈夫還像往常一樣出去打牌，她想喝口水都沒有人幫她倒，她因此傷透了心。劉女士認為，身為丈夫就應該有責任感，要承擔家庭的重擔。無論在什麼情況下，都要照顧好妻子和小孩，甚至有時候為了家庭犧牲自己的嗜好也是必要的。

多次溝通無果，劉女士無奈地對好友說出了自己的決定：「他不是一個合格的丈夫，我決定離開他。」

有些婚姻過分強調依賴性，一方完全依賴另一方生活，無論精神上還是物質上，造成其中一個人「行動不能自理」，不堪

第四章　婚姻就像一場成長旅程，學會經營才有幸福

重負，另一個人自由過度，失去責任心。

婚姻好比兩個人結伴前行，雖然一個人背負另一個人是不正常的，但若是彼此誰也不需要對方，各走各的，也是不正常的。

這就是我們常見的另一種極端情況，即婚姻中的雙方都過分強調獨立性，誰也不想喪失自己的權利，最終分道揚鑣。比如夫妻兩個都很成功，但誰都不願犧牲自己在事業上的機會，因此將近40歲還沒生小孩。因為聚少離多，兩個人只把家當作「旅館」，最後各自在外面有了情人（願意依賴他們、為他們提供家庭溫暖的人），於是兩人的婚姻宣告結束。這種極端情況帶來的則是整個家庭的破滅。

如果夫妻雙方都能做到相互理解，相互包容，多為彼此做些犧牲，美滿的生活將觸手可及。

比如現在的女性朋友大多都能尊重性別的差異，遵循女性的特質，及時調整自己努力的方向，順應時代的發展趨勢，逐步完善自己。諸多事實也證明，在追求個人獨立和家庭責任間均不偏廢，才是現代女性的理性選擇。

高大的身材、幹練的短髮、敏捷的思維，蜜雪兒・歐巴馬（Michelle Obama）當年（2008年）以其鮮明的個人風格迅速成為被全球關注的美國第一夫人。她是歐巴馬（Barack Obama）進入政壇的「良師益友」，是他競選征途上「最好的顧問」和「家庭的基石」。甚至為了協助歐巴馬參加競選，蜜雪兒辭去了年薪高達27萬美元的工作。

從職業女性轉型為家庭主婦，蜜雪兒經歷了一系列心理調整和自我超越。比如當歐巴馬在 2004 年成為美國首位黑人參議員後，他又開始考慮參加 2008 年總統大選。這個決定讓蜜雪兒震驚，因為長期以來丈夫都在為事業奔波，根本沒時間待在家中，為此她曾無數次向歐巴馬發火：「你只想著你自己！你從沒想過我要一個人照顧家庭！」

蜜雪兒也曾對自己的婚姻產生過懷疑。「我選擇了一種可笑的生活，少女時代的無憂無慮被婚後各式各樣的壓力取代。」她說。而且，身為一個畢業於哈佛大學、工作能力出眾的女人，她也不會喜歡對丈夫說：「你正在做大事，趕快走吧，我來處理這些家庭瑣事。」但後來她還是這樣做了，在她決定辭去芝加哥大學醫院副院長職務為丈夫助選時，她的年薪已經是歐巴馬的兩倍。

從最初的抗爭、懷疑、苦悶到後來的釋懷、理解、寬容，蜜雪兒悟出了婚姻生活的真諦，她說：「我們兩個人彼此成長的環境很不一樣，在家庭問題上當然會有不同的看法。我必須放棄自己的一部分堅持，他也是，這就是婚姻的一部分，每個人都必須做出讓步。」

世界知名心理治療師和家庭治療師維琴尼亞‧薩提爾曾用這樣一首小詩來描繪夫妻關係的理想狀態：「我想愛你而不用抓住你，欣賞你而不須批判你，和你一齊參與而不會傷害你，邀請你而不必強求你，離開你亦無須言歉疚，責罵你但並非責備你。並且幫助你而沒有半點看低你。那麼我們的相會就是真誠

第四章　婚姻就像一場成長旅程，學會經營才有幸福

的而且能彼此潤澤。」

　　理想婚姻是個儲備充足的後方營地，會讓夫妻雙方同時得到滋養，推動兩顆心靈共同成長。然而想要擁有理想的婚姻並不容易，在這個過程中，維繫婚姻生活的兩個人都需要放棄自己的一部分堅持，甚至是做出一定的犧牲，這樣才能讓彼此的婚姻長久地維繫下去。

第五章

教孩子情緒管理，讓親子關係更親密

第五章　教孩子情緒管理，讓親子關係更親密

● 小孩，你為什麼不快樂

　　愛玩是小孩的天性，當父母用成人意志否定小孩的天真爛漫時，就應了魯迅先生那句話：「有用，有效，卻終歸有限。」而違背了自然發展規律和教育發展規律，也會遭遇到不同程度的「未來報復」。比如這些年不斷發生的極端教育事件，有小小年紀就弒母殺親的，有極端叛逆和性情暴戾的，有解離性人格的等等。而近幾年，青少年因心理危機造成的自殺、校園暴力、沉迷網路等事件更是不絕於耳。這一切，與小孩的不快樂都有一定的關係。

　　2017 年 5 月 21 日凌晨，楊先生打了報警電話，聲稱自己的父母因瓦斯中毒而身亡。但在警方勘驗過程中，卻發現死者的兒子——楊先生的行為表現有些讓人匪夷所思。因為他在面臨至親遭遇不幸的情況下，非但沒有悲痛欲絕，也沒有第一時間撥打 119 送醫搶救，而是異常冷靜地撥打了 110 報警電話和保險報案電話。

　　於是，警方大膽推斷，這也許是一起精心策劃的凶殺案。經過多方偵查和審訊，犯罪嫌疑人楊先生終於低頭認罪。

　　之後警方了解到，楊先生是家裡的獨生子，父母從小到大都捨不得讓他受半點委屈，省吃儉用供他讀完大學。步入社會後，一直被家人寵愛著的他開始嘗到生活的艱辛和不易。在遭遇了許多冷落和白眼後，他的心理開始扭曲，每天都想著如何

才能快速賺到錢。

某天,他在網路上偶然發現,那些購買保險的人如果遇到意外,保險公司都會付出鉅額賠償。楊先生邪念頓生,馬上為父母辦理了人身意外、終身失能等多份保險。之後,他還在網路上查閱了大量資料,知道亞硝酸鹽的中毒症狀和瓦斯中毒一樣,又從網路上購買了大量亞硝酸鹽。

5月20日下午6點左右,楊先生主動提出請父母在家吃飯,並把事先準備好的亞硝酸鹽拌入買來的牛肉中。吃飯期間,他特地把牛肉夾到父母碗中。但因為父母擔心兒子吃得少,都選擇把肉留給兒子。

見此,楊先生不僅沒有半點悔意,還決定再生一計。他藉著幫父母倒水的名義,又在水裡摻入亞硝酸鹽,然後親自把兩杯加了藥品的水端給父母,並眼睜睜地看著兩人喝下去。

他冷漠地站在一旁看著父母氣絕身亡後,再把瓦斯桶的閥門打開,製造了一個瓦斯中毒致人死亡的現場。

身為大學生的楊先生,畢業後原本該努力工作,以回報含辛茹苦將自己養大的父母。但他為了達到騙取高額保險賠償金的卑劣目的,竟然不惜將雙親殘忍殺害,一手製造出這樣的人間慘劇,手段之殘忍實在令人髮指。而楊先生這種妄圖用親生父母的生命來換取自己的優越生活的極端行為除了讓人唏噓之外,更應當引起人們的深思。

現在許多父母對小孩都過於溺愛,什麼都為小孩安排好,

第五章　教孩子情緒管理，讓親子關係更親密

希望小孩平安、順遂地長大成人，不讓小孩承受半點挫折。殊不知，這樣很可能會害了他們。當父母習慣於對小孩無私地付出時，小孩就會把這些付出認為是理所當然，不會時刻心存感恩。而父母不讓小孩遭受挫折，同樣也會導致小孩的心理承受能力和抗壓能力變差，當他需要獨自面對社會中的種種困境時，沒有任何承受力和抵抗力的他，非常有可能因為無法面對挫折而採取極端行為，甚至讓自己走向犯罪之路。

除此之外，很多父母為了讓小孩上更好的學校，得到更好的成績，獲得更多的能力，幫小孩報各種才藝班、補習班。小孩玩的天性被剝奪，沒有時間做自己想做的事，這對小孩的自由發展是非常不利的。

多數小孩的成長軌跡都是被父母按照社會普遍的標準規劃好的，小孩沒有主動選擇的權利，包括讀什麼樣的書、上哪種才藝班，都需要按照父母制定的路線來執行，這也讓小孩造成了非常大的心理負擔，使小孩時刻處於緊張的狀態。

不少父母為了供小孩讀書，採取了打零工、舉債等方式，「再苦不能苦小孩」，寧願節衣縮食也要供小孩上一個好大學，甚至出國留學，就是為了讓小孩有一個好前途，將來出人頭地。如果小孩理解父母的苦心，進而發奮學習，那皆大歡喜；然而許多時候，父母過多的期望只能換來小孩的叛逆，進而引發令人扼腕嘆息的悲劇。

為了替小孩創造和諧的未來，父母就算是有功利需求，也應該盡可能為小孩提供自由寬鬆的成長環境。比如有些作業，如果小孩已經會了，就沒有必要重複去寫；如果小孩實在不想上才藝班，也不要逼迫小孩去上。開明睿智、有主見的家長應該像美國總統杜魯門（Harry S. Truman）的母親一樣，無論小孩成為什麼樣的人，都應給予平等的對待。

杜魯門當選總統時，有人向他的母親表示祝賀，說道：「你有這樣的兒子，一定十分自豪。」

杜魯門的母親微笑著回答：「是的。不過，我還有一個兒子，同樣讓我驕傲。他現在正在農地裡挖馬鈴薯。」

如果說成為總統是「人上人」，那麼挖馬鈴薯當然就是「人中人」了。但在母親眼裡，他們都是一樣有各自人生價值的。

現今，讓小孩成為「平凡的人」也成了不少理性家長的培養目標，「快樂地玩，不幫小孩報任何的才藝班，不讓他提前去讀小小班，不走進任何一家幼兒補習班」，小孩同樣會很有出息。而這樣的家長，才是小孩最喜歡的家長。

第五章　教孩子情緒管理，讓親子關係更親密

● 父母的情緒對小孩影響甚大

有人做過這樣一個試驗：當嬰兒面對笑臉盈盈的媽媽時，大多會表現得非常開心，咿咿啞啞，手舞足蹈，出現各種歡快的情緒；可是當媽媽突然板起臉時，嬰兒首先會感到困惑，隨後變得躁動不安，最後開始大哭。

試驗充分說明了小孩能敏銳地感受到父母的情緒，尤其是當父母板著臉時，小孩會感受到巨大的壓力並產生負面情緒。

李霞每天工作到很晚，這天正準備睡覺的她在經過女兒房間的時候，偶然聽到女兒微小地哭泣聲。媽媽好奇地走進房間，打開燈看見女兒淚眼婆娑的樣子，趕快問女兒受了什麼委屈。

女兒撲在媽媽的懷裡，大聲哭道：「媽媽你是不是不愛我了，最近都不陪我玩，也不跟我說話，都不對我笑一笑。」媽媽這才恍然大悟，原來是她最近工作壓力大，回家後臉色也總是陰晴不定，才讓女兒產生了這樣的錯覺。

很多人應該都遇到過類似的事情。這個小孩是幸運的，因為她把問題說了出來，媽媽解釋一下或許就沒事了。但對於那些沒有得到解釋的小孩來說，這個陰影或許會跟隨他一輩子。因此，父母千萬不要將自己的壞情緒毫無遮攔地展示給小孩，即使你不小心在小孩面前發了火，也要記得耐心跟小孩解釋。

父母有耐心，小孩才能有耐心；父母情緒好，小孩才能情緒好。從家庭教育的影響來看，小孩性格的塑造離不開父母的言傳身教，脾氣急躁的父母，小孩的脾氣多半也是急躁的。小孩會從父母身上學習處理壞情緒的方法，如果父母對壞情緒毫不掩飾，當小孩日後面對無法解決的事情時，也會像父母那樣，用皺眉嘆氣、摔打東西的方式來發洩不良情緒。

情商高的父母，只要在小孩面前，即使是心情很糟的時候，也會多笑一笑。當小孩感受到父母的愛與正面樂觀的態度時，也會逐漸養成自信樂觀的性格，可見父母的情緒對小孩的影響之大。為了小孩的健康成長，父母應當做到以下幾點：

把擔心的事留在公司

下班的時候不要立刻收拾公事包就走，可以在公司做好收尾工作，比如把今天工作中遺留的問題以及明天的工作準備都寫下來並作上相應的標記，寫完後把這張紙收好不再想它，第二天上班時再拿出來。這樣就能夠有效避免到家後還想著工作，甚至擺一張臭臉給小孩看的情況發生。

進門前甩掉壞情緒

無論父母在工作中遇到什麼事，進門前先給自己一點時間，在社區附近或者門口轉一圈，把工作中的壞情緒剔除掉，提醒

第五章　教孩子情緒管理，讓親子關係更親密

自己工作結束了，是時候享受家庭的溫馨了。透過散步、深呼吸，整理出良好的心情，再打開家門，以笑臉面對小孩。

不在家加班

在家加班是很多父母的一個通病，覺得這樣很方便。但父母卻忽視了小孩的感受，小孩為了爸爸媽媽下班歸來跟他玩期待了一天，結果卻遭到了無情的拒絕，內心會多麼失落。有些父母加班時還嫌小孩煩，覺得小孩在旁邊添亂。事實上，小孩是因為自己受到了冷落，才會透過不斷糾纏的方式來獲得父母對他的關注。

不在飯桌談工作

飯桌上談工作時，很容易流露出負面情緒。小孩不懂工作，卻能感受到父母情緒的變化。父母應時刻提醒自己，每天給小孩一個溫馨和諧的晚餐環境，不要在飯桌上談工作。

避免冷暴力

有的家長說：「我沒在家發脾氣呀，我就是自己生悶氣，都沒說話。」這就屬於冷暴力。父母對小孩愛理不理，甚至表現出不耐煩，就是對小孩的冷暴力。幼小的小孩不知道家長在外面遭遇了什麼，只會覺得父母不愛他們了。

父母的情緒對小孩影響甚大

　　小孩的教養來自父母的言傳身教,父母總是隨身帶著壞情緒,小孩也不會有健康快樂的心態。所以在接觸小孩之前,父母一定要先把自己的情緒調理好,用最飽滿的情緒去擁抱小孩。

　　在家門口種一棵煩惱樹,把煩惱和壞情緒都掛在上面,打開家門,給小孩一個溫暖的微笑,這是最好的家庭教育方式,也是建立幸福家庭的前提。

第五章　教孩子情緒管理，讓親子關係更親密

● 為何父親難成小孩的傾訴對象

在一份由中美日韓四國的青少年研究機構聯合釋出的〈高中生權益狀況比較研究報告〉中，研究人員調查研究四個國家的普通高中和中等職業學校一至三年級的學生。結果顯示，94％的中國小孩覺得「父母關心我」，但只有54.8％的小孩會「經常和父母聊天」。而在選擇傾訴對象時，父親在中國小孩心目中的地位是四個國家中排名最低的。

某兒童發展與教育中心隨機調查了該區360名3～13歲小孩的父母，了解父母對小孩的日常生活、學業狀況、校園生活等多個方面的參與程度。結果顯示，在這幾個方面，母親的參與程度都明顯高於父親，在遇到問題時，大多數小孩也喜歡把母親作為傾訴的對象。

為何父親難以成為小孩的傾訴對象呢？

調查中一位爸爸這樣說：「我也去開過幾次家長會，結果發現去的家長基本上都是女家長，後來就把這些事情都交給小孩的媽媽了。男人本來就沒有多少耐心管教小孩，再說我平時照顧生意也忙。教育小孩是媽媽的事，我就負責賺錢。」

生活中，像這個爸爸一樣忙於事業的家長不在少數。殊不知，當他忙著在職場上打拚時，也在逐漸遠離被母愛包圍的小孩。

為何父親難成小孩的傾訴對象

一名 12 歲的小學生表示，因為自己的爸爸經常加班，所以自己的上下學、寫功課等事情都是由媽媽負責。談起自己的爸爸，她說：「雖然也喜歡和爸爸在一起，可是每次都只能看到他匆匆的背影，漸漸地，有什麼事也不會找他了。但媽媽就不會這樣，所以更喜歡和媽媽聊天。」

從大多數小孩的成長歷程不難看出，照料小孩日常衣食住行的是母親，去開家長會的也是母親。而父親，只是一個高大而匆忙的背影。因為小孩在成長過程中總是在仰視父親，所以很少將貼心話與父親分享。

中國自古就有「男主外，女主內」的傳統，以及「嚴父慈母」的觀念。父親覺得自己是那個在外打拚、養家餬口的棟梁，而教育小孩則是母親的責任。再加上中國人大多比較含蓄的特質，使得父親與子女之間的溝通容易出現障礙。

事實上，父親在小孩成長過程中扮演著舉足輕重的角色，父親的一句「你是一個好小孩」可能勝過母親的十句話。尤其是在小孩對性別產生心理觀念的萌芽階段，完整的父愛、科學合理的「父教」，在小孩的品格培養、智力發展、社會心理以及性格的塑造方面，具有母親無法替代的重要作用。

想要做一個亦父亦友的好父親，成為幫助小孩分析問題、解決問題的好爸爸需要做到以下幾點：

第五章　教孩子情緒管理，讓親子關係更親密

父親需要主動轉變觀念

小孩是你生命中的小天使，關心你的小孩永遠不會是浪費時間、婆婆媽媽的表現，哪怕每天只花一小時在小孩身上也能產生潛移默化的效果。你可以給他一個微笑、一個擁抱，也可以一起討論學校裡發生的事，做小孩的玩伴等等，這些都是正確的「父教」方式。

營造良好的氛圍，鼓勵「父教」

母親以及其他家庭成員都應該鼓勵父親參與對小孩的教育，在家庭裡為「父教」營造良好的氛圍，讓小孩感受父母共同的愛。另外，父母雙方還要進行良好的溝通，在原則性問題上達成一致意見，明確各自的職責，以免兩人在教育小孩時意見相左而讓小孩無所適從。

協調父母角色

母親在教育小孩上也許擁有耐心、親切等得天獨厚的優勢。但母親的溫柔、細心、周到更適合小孩嬰幼兒時期的成長，而到了小學階段，父母的責任各半，上了國中以後，母親的影響力開始下降，這時就需要父親發揮更大的作用。這是因為青春期的小孩獨立觀念增強，往往不願意接受母親過於細微的管束，此時父親較鬆的管束反而容易受到小孩的歡迎。

為何父親難成小孩的傾訴對象

　　總而言之，身為父親，你可以不是最有錢的，可以不是最高大，也可以不是最帥氣的，但你一定要做一個最慈愛、最負責的父親。在工作之餘，和小孩坐下來聊聊天，成為兒子的好朋友、女兒的好港灣。

第五章　教孩子情緒管理，讓親子關係更親密

● 關注小孩情緒背後的需求

「哭什麼哭，不就是隻鸚鵡嗎？爸爸再幫你買一隻。」女兒養了半年的小鸚鵡死了，她哭得上氣不接下氣。爸爸很不耐煩，告訴她不要再哭了。

在大人眼中，不過是死了一隻鸚鵡，沒什麼大不了的。卻不知在小孩眼中，鸚鵡是她的朋友，失去好朋友的心情是非常難過的。所以，父母在這種情況下不耐煩地告訴小孩別哭，無疑是對小孩情緒的不理解和不接納，只會讓小孩哭得更加傷心。

小孩的心是敏感而脆弱的，尤其是當他們的語言表達能力還不夠時，只能把情緒都包含在一些舉動裡。比如無止盡地哭鬧，遇到陌生人往身後躲，和小朋友吵架，愛生氣、情緒化、固執極端、粗魯無禮等都是一種情緒的表達。

法國心理學家費歐沙（Isabelle Filliozat）認為：「我們雖然無法猜出小孩的腦子究竟在想些什麼，但可以做到不忽視小孩的感受。讓小孩有機會表達自己的情緒，有機會透過哭泣、喊叫、顫抖的方式來發洩內心的情感，而不是想著讓他（她）安靜下來。哭泣、喊叫、顫抖是小孩表達痛苦、緩解壓力和重新獲得內在力量的方式。」

小孩的情緒無論是好是壞，都是一種正常的情感表達，父母不應「控制」小孩的情緒。比如小孩說：「恐龍好可怕，我害

怕。」媽媽卻說:「沒什麼好怕的,已經滅絕了。」這種回答其實是對小孩情緒的一種忽視,小孩說害怕恐龍可能是他在表示「我想媽媽抱一下」。所以,當小孩有情緒表達時,父母應該先表示接受,理解小孩情緒背後的需求,再去引導小孩正確面對,一味否定小孩的情緒並不是好的解決辦法。

另外,小孩有時候為了「取悅」父母,可能會選擇壓抑自己的情緒,比如在感到害怕、難過時憋在心裡,犯了錯會撒謊,或者受欺負會隱瞞不報等。相信沒有哪位家長願意讓自己的小孩這樣成長,而當小孩真的出現這種情況時,要注意反思,是不是因為你經常對小孩的情緒表達視而不見或表現得不耐煩甚至大聲喝斥。

趙女士的兒子到了上幼兒園的年紀,但當她把小孩送到學校準備離開時,兒子就開始哭了。老師把門關上,抱起他去玩玩具。可是兒子一直哭得呼天搶地,不停地叫著「開門!開門!我要找媽媽!」

趙女士覺得老師哄一哄就好了,她中午還特地到學校去偷偷看了一下,發現兒子已經不哭了。下午接兒子放學時,趙女士發現兒子的眼睛紅紅的,看到媽媽眼睛都亮了,喊著:「我要找媽媽!」趙女士笑著說「媽媽就在這裡呀」,兒子還是不停地說要找媽媽。

接下來幾天都是如此,每天把兒子送到學校離開時,他都哭得撕心裂肺。趙女士以為小孩還沒適應學校的生活。直到

第五章　教孩子情緒管理，讓親子關係更親密

有一天，兒子怎樣都不出門，怎麼哄都沒用，就是不去學校。她這才了解到，兒子對上學這件事有很深的牴觸。趙女士很無奈，不知該怎麼辦才好。

從趙女士的案例來看，兒子之所以哭鬧著找媽媽並且不去學校，很可能是他覺得父母不再關心他，才會把他送到學校去。小孩幼小的心靈甚至可能會想：「爸爸媽媽是不是不要我了。」

如果趙女士很關注小孩情緒背後的問題，應該早就能察覺到小孩這種「被遺棄」的感受，從而做足準備，比如每天都跟小孩說去學校有多麼好玩，告訴小孩在學校時媽媽會很想他，會第一時間接他放學回家。透過這樣的語言、行動，讓小孩慢慢了解是爸爸媽媽太忙沒時間照顧自己，並不是不想要他才送他去學校的。

然而現實中，多數父母對小孩的陪伴一直不夠，年紀到了就送到學校，期盼他能夠一下子獨立自主、主動交朋友，這是不可能的。這種做法只會讓小孩極度缺乏安全感，進而發展為不斷地想要找媽媽。

小孩的每一次情緒表達都是一次成長，小孩哭泣、傷心、煩躁的背後都有原因，父母應該去理解小孩的內心感受，了解他們真正的需求，才能對小孩做出正確的引導。另外，教導小孩用正確的方法表達自己的感受，這樣就能緩解小孩因為受到冷落就大哭不止、受了委屈就悶悶不樂的不良情緒，使小孩逐漸變得成熟懂事。

讀懂小孩情緒背後的需求,是做父母的一項重要功課。聽出小孩情緒背後的弦外之音,將使我們更加了解小孩的內心,從而讓家庭變得更加和諧、幸福。

第五章　教孩子情緒管理，讓親子關係更親密

● 以自我為中心的小孩情緒不穩定

「以自我為中心」是小孩早期自我概念發展的一個必然階段，具體展現為：凡事以自己為大，一旦別人不順著自己的要求就大哭大鬧。再加上現在大多數家庭都把小孩當成寶貝，集全家之力全方位照顧小孩，進一步加深了小孩以自我為中心的概念。

媽媽帶 8 歲的女兒去參加朋友的生日派對，派對的氣氛很好，媽媽正跟朋友聊著天，女兒卻突然大哭起來，媽媽趕快問她怎麼了，她也不說，只是坐在椅子上不停地哭。

安慰了好一陣後，女兒不哭了，媽媽繼續跟朋友們聊天。沒過多久女兒又把碗打到了地上，再次哭了起來。媽媽想了一下才了解，大家都忙著說話，女兒覺得自己被忽視了，才會用哭鬧來吸引大人的注意。

媽媽很尷尬，只好抱起女兒一直哄。女兒是家裡唯一的小孩，全家人都寵著她、護著她，外公外婆、爺爺奶奶也都繞著她轉，導致現在一有不順心就開始哭。媽媽覺得很煩惱，長此以往，該怎麼辦啊？

以自我為中心的小孩容易情緒不穩定、交際能力差、對人愛理不理的，因為他們眼睛裡只有自己，看見什麼就要什麼，搶其他小孩玩具，全世界都要繞著他轉。小孩還小的時候，這種性格可能沒什麼，但隨著年齡的增長，這種性格就會惹人厭

以自我為中心的小孩情緒不穩定

煩了。比如網路上流行的「小屁孩」，多半都是這種以自我為中心的小孩，而在旁人看來，「小屁孩」是沒有教養的。

小孩對世界沒有什麼判斷，他們以自我為中心，說明開始有自我概念，這是好事。但這個階段父母的教育要是跟不上，小孩就可能把這種以自我為中心的概念「發揚光大」。尤其是獨生子女更容易發生這種情況，做事不考慮其他人的想法，全家人又太過溺愛，小孩就會變得任性而嬌縱。

劉女士因為工作繁忙，就把兒子送到鄉下爺爺奶奶家住了半年。半年後接回來發現兒子性格變了好多，脾氣暴躁，什麼都要，不給他的話就哭。送兒子去上學他也不去，說學校裡有人欺負他。

跟爺爺奶奶溝通後才知道，原來是爺爺奶奶對這個小孫子過於溺愛，在鄉下整天繞著小孫子轉，小孫子要什麼就給什麼，半年的時間就把以自我為中心的習慣養出來了。

一般來說，父母不在身邊，且由祖父母輩帶的小孩，會比父母帶的小孩更容易養成以自我為中心的性格，這是隔代教養的特點。所以，父母們要注意，即便自己平時工作很忙，也盡量不要讓長輩長時間照顧小孩。一方面長輩年事已高，可能會體力不濟；另一方面長輩的教育觀念不夠先進，太過於溺愛小孩，容易把小孩養成「小皇帝」、「小公主」。想要避免這種情況的發生，父母不妨從以下幾個方面入手。

第五章　教孩子情緒管理，讓親子關係更親密

適當地進行挫折教育

當全家都以小孩為中心，全方位體貼照顧小孩的時候，小孩就容易養成「這世界上所有人都是繞著我轉，都是為我服務」的思維習慣。這個時候，父母就需要讓小孩知道他在家裡的「地位」並不是「高人一等」的，該責罵就得責罵，該拒絕就得拒絕。不要什麼事情都順著小孩的想法，讓他了解這個世界不會繞著他轉。

讓小孩了解別人的感受

一個不了解別人感受的人，是很難體諒別人的。父母可以適當讓小孩知道爸爸媽媽每天賺錢很不容易，照顧他也很勞心費力，讓小孩懂得關心父母，理解父母的感受，就會少很多任性胡鬧的情況。以「同理心教育」小孩，遇到事情時讓小孩多想一想，假如別的小朋友也對你這樣，你會怎麼想？讓小孩學會站在他人的角度考慮問題，逐步改掉以自我為中心的思維習慣。

幫助小孩正確地評價自己

現在很多父母愛給小孩誇獎式教育，哪怕小孩完成一件很小的事，父母也會當成很了不得的大成就來讚美，吹捧多了就會使小孩逐漸變得自大，覺得自己做什麼都是正確的。讚揚小孩的閃光點是對的，但是不能太過分，包括周圍的鄰居、朋友

都要正確評價小孩，讓小孩了解自己的真實能力。

有一個小孩從小學鋼琴，拿過幾個全市少年組鋼琴表演大獎，周圍人都對小孩讚賞有加。而她的父母卻不斷告訴她：你的鋼琴彈得好是你長時間練習的結果，需要更加刻苦練習才能有更大成就。這樣的教育方式讓小孩始終腳踏實地，避免產生驕傲的心態。

除此之外，有些父母不願意讓小孩參加集體活動，擔心小孩會吃虧。事實上，讓小孩承受一些挫折更有利於小孩的成長。尤其在與同齡玩伴的相處中，小孩能更快地適應人際關係的規則。如果小孩從小到大都被家長圍繞，很少跟其他小朋友接觸，將很難融入社會和集體生活。

第五章　教孩子情緒管理，讓親子關係更親密

● 如何應對脾氣暴躁的小孩

　　鄧女士說，她家的小孩從小脾氣就大，常常跟其他小孩打架。小孩父親也教訓過他無數次，就是忘得快，遇到一點不開心的事情脾氣就爆發。比如家裡飯菜不合口味了就發脾氣、不吃飯；不讓他玩遊戲、要他多讀書，他不願意也發脾氣；想要自己喜歡的衣服或物品，沒有及時買給他也發脾氣。

　　有一次，小孩非要買一輛非常貴的腳踏車，因為價格太高，就幫小孩買了一輛其他款式的。結果小孩好幾天都板著臉，一副「你們對不起我」的樣子。

　　小孩的成績不好，說他幾句他還不高興。聽學校的老師和同學說，他在學校也經常出現暴躁、易怒等情緒不穩定的現象，多次跟同學打架。為此，父母被老師叫去學校時，小孩還不認為自己有做錯的地方，當著父母的面就能跟老師吵起來。

　　脾氣暴躁的小孩總是不顧時間、地點大發雷霆、摔打東西、滿地打滾哭嚎，或抱著大人的腿賴著不走。心理學家將這些行為稱為「暴怒發作」。暴怒發作中的小孩往往不聽勸阻，除非大人滿足他們的要求，否則就會一直僵持下去。而小孩脾氣暴躁是一個大問題，小時候不矯正，長大後很容易發展為暴躁型人格。

　　需要強調的是父母千萬不要覺得小孩脾氣暴躁是天生的，

其實，小孩就像一張白紙，他的性格、教養都是後天受家庭影響而逐漸形成的。

家庭的不和諧是導致小孩脾氣不好的重要原因。比如夫妻之間總是因為家庭瑣事而吵架，總是吵架發脾氣。而且有些父母吵架時完全不避諱小孩，讓小孩把父母吵架的過程看在眼裡，對小孩的心理造成非常大的創傷，嚴重者還可能會影響小孩一輩子。比如小孩受父母吵架的影響，同樣也會形成用發脾氣來解決問題的習慣，甚至養成心胸狹窄、脾氣暴躁的性格。

有研究人員做了一個「寶寶玩偶試驗」，充分說明了小孩為什麼會出現攻擊行為：安排兩組兒童，A組兒童觀看成人對玩偶攻擊的場景，B組兒童看到的則是成人耐心跟玩偶說話的場景。然後把兩組兒童帶到另外的相似房間，A組有些兒童進去後立刻模仿成人，對玩偶拳打腳踢，B組兒童則沒有出現暴力行為。

可見，小孩出現發脾氣、打人這樣的攻擊行為，是他們有意或無意地觀察成人的行為之後模仿形成的。

知名醫師、精神分析學家弗洛伊德（Sigmund Freud）認為「侵犯傾向是人天生的，獨立的本能傾向」，所以小孩打人、哭鬧、摔東西等攻擊行為，實際上和他對吃喝的本能需求是一樣的。小孩餓了出於本能就會哭鬧，小孩內在的攻擊性在行為上就展現為不聽話、發脾氣、打人、罵人等行為。

第五章　教孩子情緒管理，讓親子關係更親密

　　從心理學的角度上來說，小孩適當發洩對他是有好處的。如果小孩心裡有情緒一直不對外釋放，而是深深埋在心裡，往往更容易帶來精神或心理方面的負擔。所以只要小孩表現的程度不嚴重，持續的時間不是很長，就不用擔心。父母更不要把它看作洪水猛獸，一點都不能容忍，甚至產生嚴重焦慮。

　　比如家裡生了第二個小孩，老大不再是父母唯一關注的人，當然就會爭寵。面對這一階段小孩脾氣暴躁的問題，儘管不用太擔心，也要給予正確的引導。父母對於兩個小孩一定要投入相同的關注，不能忽略了哥哥（姐姐）的感受。尤其是當兩個小孩出現衝突的時候，一定不能每次都責備老大「你真不懂事」，因為那樣只會一次又一次對小孩加深傷害。

　　當小孩出現脾氣暴躁的性格時，父母可以用以下方法應對：

　　首先，父母發現小孩有不愉快的情緒時，應設法去了解小孩產生這種情緒的原因，適當要求可以滿足，過分要求可不加理睬。

　　其次，當小孩出現罵人、打人的不良行為時，父母應該堅決制止。要讓他知道自己的錯誤行為在別人身上所產生的影響，嚴肅地講清楚道理，並引導小孩自覺採取補救措施。

　　再者，當小孩不聽家長勸阻或拒絕家長意見時，可以放手讓他自己去碰釘子。當他受到挫折時，當然會了解家長不讓他做的道理。這種處理越及時越好。

最後，父母應該注意和小孩的情感交流，不能因為自身的情緒變化，對小孩時而嚴厲，時而嬌縱，導致小孩因為無所適從而愛發脾氣。

　　總而言之，父母應該多關注小孩的日常生活，多了解小孩的世界，多一些溝通和交流。同時，也需要重視家庭的教育方式，如果小孩性格比較暴躁，應該用正確的方法，及時糾正，幫助小孩養成良好的性格特質，從而建立起和諧、幸福的家庭環境。

第五章　教孩子情緒管理，讓親子關係更親密

● 小孩以哭為武器，怎麼辦

生活中，我們經常會看到這樣的場景：

在公共場合中，小孩想買一個玩具沒得到家長的同意，他就開始大哭大鬧，甚至直接坐在地上不起來了。開始時，父母不予理會，等到哭聲愈來愈大時，就會責備小孩。緊接著，面對周圍越來越多的人投來的目光，父母開始感到尷尬，最後不得不順從小孩。

哭是一種小孩最常用也最管用的「武器」。很多父母只要小孩一哭，就會因為心疼而低頭。其實這是非常不好的行為。當小孩知道只要一哭就能夠得到任何滿足時，他就會隨時使出這個「殺手鐧」，長此以往，小孩用哭鬧來威脅父母的次數越來越多，父母也就只有「繳械投降」一條路可走了。

當然，直接強硬地告訴小孩「別哭了」也不是最好的辦法。家長的確可以用大聲責罵、嚇唬等方式讓小孩停止哭泣，卻會在他心裡留下深刻的負面影響，對小孩日後的成長非常不利。

若想解決小孩愛哭的問題，首先要了解小孩哭的原因。當家長對小孩不重視，小孩感到自己被冷落時，就會採用哭泣的手段，希望得到父母的關懷。這個時候如果對小孩不聞不問，小孩的情感沒有得到表達和宣洩，就可能造成心理上的傷害。

小孩以哭為武器，怎麼辦

幾個年輕的媽媽帶著小孩在公園玩，媽媽們在樹下面閒聊，小孩們則在一旁盪鞦韆。一個小孩不小心從鞦韆上掉了下來，還撞倒了另一個小孩，兩個小孩都哭了起來。兩位媽媽趕快跑過去，一個媽媽扶起小孩後，率先說道：「別哭了，這有什麼可哭的，都哭成大花臉了，其他小朋友都在看你，多丟臉啊。」小孩還在哭，媽媽又說：「再哭媽媽不喜歡你了！」小孩嚇得趕快把眼淚憋了回去。

另一個小孩的媽媽則蹲下來安慰小孩：「痛不痛？別難過了，你一定很痛，不過你是個男子漢，一定要堅強。」說完後，媽媽又把小孩抱在懷裡，安慰了他很長時間，直到他停止哭泣。

德國心理學家卡蘿拉‧舒斯特（Carola Schuster）說：「小孩哭鬧的時候，父母最先要調整的是自己的情緒。」小孩的哭鬧會讓父母處於一種特別的狀態，讓許多父母懷疑他們為人父母的能力，所以父母會對小孩的哭泣緊張、排斥甚至反感。其實無須過分緊張，因為只有父母先調整好自己的情緒，才能理性地思考，並有針對性地去應對小孩的各種哭鬧情況。

膽怯的哭

小孩會因為害怕而不由自主地哭，比如見到大狗、見到陌生人、怕黑、怕挨罵等情況都可以引發小孩的哭泣。有的父母喜歡在小孩撞到桌椅摔倒時，去打桌椅板凳，把小孩被絆倒的原因嫁禍給家具，殊不知，這會誤導小孩的認知，讓小孩越來

越不願意承擔責任。

當小孩因為害怕而哭泣，渾身顫抖的時候，父母要先給小孩一個溫暖的懷抱，用低聲細語來安慰小孩，這一過程可能要很長時間，所以父母要保持足夠的耐心，直到小孩不再害怕。

任性的哭

小孩會透過肆無忌憚的大聲哭鬧來威脅父母，對於這種任性的哭泣，父母一點都不能姑息。面對小孩的任何無理要求，父母都不能做妥協讓步，否則就會讓小孩變本加厲，有事沒事就用哭來達到自己的目的。

在這種情況下，父母要跟小孩簡單明瞭地講道理，讓小孩了解任性是錯誤的。不要強迫小孩別哭，任何時候對小孩使用強迫手段都是不好的。讓小孩自己去體會其中的道理，也可以做一些「冷處理」，比如小孩哭的話，父母可以假裝不理他，讓他自討沒趣。或者提出一個小孩感興趣的話題，轉移小孩的注意力，在不知不覺中停止哭泣。

宣洩的哭

小孩心愛的氣球突然爆炸了、積木被小朋友推倒了、感受到委屈和不順心了⋯⋯都會放聲大哭。尤其是年齡比較小的小孩的心理與成年人差別很大，他們會把玩具擬人化，把一動不

動的玩具當作自己的朋友,所以當玩具遭到破壞的時候,小孩是真的傷心,就會用哭泣來宣洩情緒。這種時候,父母一定要理解小孩的心情,適當的安慰或者讓他哭一下,把心裡的委屈都發洩出來。

　　希望所有的父母都能認真對待小孩的哭泣,找到適合的方式方法,有效疏導小孩的情緒。因為小孩需要父母的安慰,需要父母的懷抱,這時候父母的一言一行都影響著小孩內心的成長。

第五章　教孩子情緒管理，讓親子關係更親密

● 青春期的小孩怎麼變叛逆了

劉女士家的小孩自從進入國中以來，脾氣就變得越來越大，情緒也有些喜怒無常，成績更是一落千丈。一天早晨，「戰爭」終於爆發了，在小孩又一次摔了碗說「反正今天遲到了，我不去上學了」之後，丈夫直接用皮帶抽了兒子。

劉女士說這事也不怪丈夫，實在是小孩的變化傷透了他們的心。先是段考竟然考出了 12 分的驚人分數，再來就是無論跟小孩說什麼，他都聽不進去，軟硬不吃。早上起床叫好幾遍也沒反應，他繼續睡他的覺，現在居然說不去上學了，簡直是晴天霹靂。怎麼辦啊？

青春期是指小孩 12～18 歲之間的那段時期，是介於兒童期和成年期之間的一段特殊時期。青春期是人生重要的轉折期，小孩在這個階段的成長順利與否，與其未來的幸福感和生活品質息息相關。然而，一提到青春期，很多家長就會頭痛，因為小孩進入青春期之後，就會變得不聽話，他們的行為甚至可以用不可理喻來形容。

一位家長曾這樣形容青春期的小孩：「他們就像一個矛盾的個體，前一秒，他們還在認同一切，下一秒，他們又會否定這一切；有時他們會盲目崇拜，而有時他們又會把所崇拜的事物貶得一無是處；他們就像一顆隨時都會爆炸的『炸彈』，也許家

長不經意的一句話、一個眼神,就會成為引爆這顆炸彈的導火線;同時,他們又像是對家長充滿了敵意,事事都與家長唱反調,家長讓他們往東走,除了東之外的所有方向,他們都有可能去,但就是不會向東走。」

不得不說,這位家長的確說出了青春期小孩的整體特徵:不定性、脾氣暴躁、叛逆、充滿矛盾、令人捉摸不透。面對這樣一個完全陌生的小孩,很多家長都會覺得無所適從,甚至會感到無奈和恐慌。

那麼,這些處於青春期的小孩心裡究竟在想些什麼呢?心理學專家為我們提供了答案:

「我想獨立」

進入青春期之後,小孩的身體發育成熟,擁有了幾乎與成人差不多的身材,這讓他們產生了成人感。因此,他們也想在觀念上得到成人式的尊重。於是他們開始試圖擺脫對成人的依賴,想獨立,從而不斷向成人的「權威」進行挑戰。

然而,由於這些青春期的小孩缺少社會經驗,當他們以成人姿態出現在社會中時,卻又**屢屢碰壁**。也就是說,他們想獨立,但又害怕品嘗碰壁的滋味,這一矛盾使得他們對自己感到很迷茫。

這個時候,其實青春期小孩非常渴望得到家長的理解和安

慰，如果家長真的理解他們，他們很願意向家長敞開心扉。但現實卻是，小孩更多的是在承受家長的指責和不滿。在這種情況下，小孩當然不願意向家長敞開心扉，進而就可能發展為和家長唱反調。

「我正常嗎？」

到了青春期，小孩的身體開始出現第二性徵，女生的乳房開始隆起，男生出現喉結、鬍鬚等。性的成熟使女孩開始出現月經，男孩開始遺精，這些現象讓他們感到困惑和不安。女孩可能會因此而害羞和自卑，男孩可能會因為出現手淫現象而自責，他們開始不停地在心裡問自己：「我正常嗎？」

與此同時，性成熟會使小孩開始對異性產生莫名的好感和幻想，並產生對性的渴望和衝動，這又加重了他們內心的罪惡感。這種心理衝突會促使他們在心中不停地問自己：「我正常嗎？」

知道青春期小孩的這些想法之後，父母就可以針對具體問題來幫助小孩更好地度過青春期了。

家長要適當地讓權

一些家長喜歡與這些青春期的小孩「較勁」：評論他們的奇裝異服、怪異髮型；指責他們滿口髒話、不務正業；過多插手小孩的事情、約束他們的行為……這些都不是有效的教育方

式,後果只會讓家長與小孩「兩敗俱傷」!家長越生氣,小孩的怪異行為越多;家長與小孩之間的關係不斷惡化,家長說小孩不可理喻,小孩說家長不理解自己⋯⋯

正確的做法是,放手給小孩一些自我的空間,讓他們實現他們渴望的獨立,讓他們在寬鬆的環境中自我思考。當然,家長並不是不管小孩,而是遠遠地掌控大局,適當地引導小孩,而不是事事干涉。

以平等的態度多與小孩溝通

青春期的小孩,存在很多成長方面的困惑。身為家長應該了解他們的真實想法和困境,並幫助他們解開心中的種種疑惑。但是,在幫助小孩完成這個階段的成長時,父母尤其要注意到,青春期的小孩自尊心非常強,所以家長不適合再用「對小孩說話」的態度去「教訓」他們,而是要以朋友般的平等態度去與他們溝通。

做到這些,青春期的小孩才更樂意接納家長的「教育」和幫助,才能順利走出青春期的困惑和叛逆,甚至會在這個過程中和家長成為朋友。

小孩總需要長大,如果一直把他們抓在手心裡,就會像風箏被拉在手裡一樣,永遠也飛不上天空。只有經歷,才能成長。這個時候,父母只需要看著他們自由成長,為他們加油、護航就好。

第五章　教孩子情緒管理，讓親子關係更親密

● 避免小孩亂發脾氣，先控制好自己的情緒

　　很多不耐煩的父母在小孩發脾氣時，自己也會跟著發脾氣。但這種「以暴制暴」的方法對於小孩亂發脾氣的壞習慣幾乎發揮不到任何作用。有的媽媽認為自己拗不過小孩，就直接把小孩推給父親管教，這樣很可能會讓小孩產生「媽媽對我發脾氣毫無辦法」的想法，然後變本加厲地在母親面前發脾氣。心理學家表示，父母只有控制好自己的情緒，找到小孩發脾氣的原因，才能從根本上解決問題。

　　造成小孩經常發脾氣的原因有很多，比如家庭教育不當，總是責罵小孩；父母脾氣不好，常為一點小事動手打小孩；父母的教育方法不統一，小孩對軟弱的一方容易發脾氣。尤其是在小孩的語言發展期，因為不能將自己的想法、要求和願望清楚地表達出來，小孩一著急也容易發脾氣。

　　這個時候父母應該先控制自己的情緒，不要遇到小孩發脾氣就「爆炸」，這樣無論是對小孩的成長，還是對家庭的和睦，都是非常不利的。

　　媽媽正在廚房打掃，5歲的小孩跑到媽媽腿邊，表示要吃蘋果。媽媽就幫她削了一顆蘋果，告訴小孩：「拿好了啊，別掉了，快回去。」

避免小孩亂發脾氣，先控制好自己的情緒

結果蘋果還是掉到了地上，小孩帶著哭腔求助：「媽媽蘋果掉了。」媽媽正在忙，就生氣地跟小孩說：「你自己撿起來。」小孩開始耍脾氣，哭著喊著非要媽媽把蘋果撿起來。媽媽更煩躁了，說：「沒看到我在忙嗎，自己撿！」小孩的哭聲更大了。

這位媽媽遇到的情況是非常普遍的，很多父母都可能會因為小孩的各種要求、哭鬧而不耐煩，進而對小孩大發脾氣。但是，對小孩發脾氣不僅無法解決事情，還可能讓小孩幼小的心靈蒙上一層陰影。想要避免這種情況，父母就需要在小孩發脾氣時做有效的引導，在這個過程中，父母要注意以下幾個方面。

允許小孩發洩情緒

小孩的哭鬧很多時候是小孩釋放負面情緒的正常反應，所以父母盡量不要嚴苛打壓小孩的負面情緒。當小孩發脾氣亂摔東西的時候，做父母的要停下手裡的事情，給小孩一個眼神或者擁抱，跟小孩說說話，用語言去引導小孩，進而幫助小孩更好地控制情緒並盡快消除負面情緒。

在這個過程中，父母最好不要展現出一副教育的樣子，否則很可能會引起小孩的牴觸情緒。小孩也跟我們一樣，生氣的時候什麼都聽不進去，他們在氣頭上是不會按照常理思考問題的。所以幫助小孩先穩定好情緒，再傾聽小孩內心真正的需求，會讓小孩的情緒得到更好的發洩。

第五章　教孩子情緒管理，讓親子關係更親密

控制自己的情緒比控制小孩的情緒更重要

小孩發脾氣的時候真的很煩人，明明父母忙得不可開交，小孩卻只知道哭鬧，急性子的家長當然就沒什麼耐心了，喝斥小孩幾句，甚至打幾下，企圖讓小孩迅速聽話；或者把自己的脾氣發洩到小孩身上，跟小孩大聲吵架。

尤其隨著小孩自我概念的不斷提高，父母就會發現，自己曾經引以為豪的耐心正被慢慢地消磨殆盡，常常被小孩折磨得大發雷霆。每次冷靜過後，父母都很後悔，並一次次下決心要學會控制自己的情緒。

對待小孩要有耐心

父母精心準備一頓大餐，小孩一口都還沒吃就打翻；父母等著小孩入睡後有一大堆事情要做，小孩卻一直搗蛋不肯睡；父母疲憊不堪，小孩卻硬要跟父母一起玩……種種時刻都令父母們不耐煩，免不了要發脾氣。其實父母對剛出生的小孩有著非常大的耐心，可是隨著小孩一點點長大，耐心也被磨沒了。

這種時候，父母就需要靜下心來，找回自己的耐心。比如告訴自己：這不是小孩的錯，他們也沒了解到是自己錯了。如此一來，父母就能用非常大的耐心去包容小孩，去穩定小孩的情緒，並把耐心傳遞給小孩，讓小孩也懂得面對問題要耐心解決。

另外,父母要懂得遵循小孩的成長規律,小孩發脾氣鬧情緒,說明小孩在成長,他的自我概念和智商都在增長。平時多給自己一些心理暗示,任何時候都不要對小孩發脾氣,跟小孩好聲好氣地交談,才能幫助小孩學會控制情緒,與小孩一起建構幸福美滿的家庭生活。

第五章　教孩子情緒管理,讓親子關係更親密

第六章

幸福家庭的祕密：
學會包容與尊重差異

第六章　幸福家庭的祕密：學會包容與尊重差異

● 沒有哪兩個人的性格是相同的

網路上曾流傳著這樣一篇短文〈一對情侶，同一天的日記〉，用以揭示男女雙方巨大的觀念差異。下面，我們就來看看這兩個人在自己的日記裡都寫了些什麼。

她的日記：

昨天晚上他真的是非常非常奇怪。我們本來約好了一起去一家餐廳吃晚飯。我因為白天和好朋友去買東西，所以到餐廳的時間晚了一點，可能因此讓他不高興了，他一直不理我。後來我主動讓步，說我們都退一步，好好談一下吧。他雖然同意了，但還是繼續沉默，一副無精打采、心不在焉的樣子。我問他到底怎麼了，他只說沒事。

後來我就問他，是不是我惹你生氣了？他說不關我的事，要我不要管。在回家的路上我對他說「我愛你」。但他還是繼續沉默著，一點反應也沒有。我真的不了解，我不知道他為什麼不再說「我也愛你」了？

到家的時候我感覺我可能要失去他了，因為他已經不想跟我講話了，他不想理我了。他坐在那什麼也不說，只是悶著頭看電視，繼續發呆，繼續無精打采，後來我只好自己上床去睡了。十分鐘以後他也爬到床上來了，他一直都在想別的什麼，他的心思根本不在我身上！這真是太讓我心痛了。

沒有哪兩個人的性格是相同的

我決定要跟他好好談一談,但他居然睡著了!我躺在他身邊默默地流淚,後來哭著哭著也睡著了。我現在非常確定,他一定是有別的女人了。這真的像天塌下來了一樣,天哪,我真不知道我活著還有什麼意義。

他的日記:

「昨天義大利居然輸了!」

男女雙方因為觀念上的差異,往往會表現出不同的行為方式,解決不好就會引發矛盾、衝突、爭吵,讓自己的伴侶、親人「很受傷」。

對此,我們最常聽到的解釋是「性格不同才不合」。美國一位婚姻學家說:「愛情可以讓相愛的男女走在一起,共同組建家庭,卻不能保證他們對金錢和財富的態度一致。」說的就是因為家庭出身、知識結構、成長經歷的不同,導致每個人對於如何打理財富、如何進行投資都有著自己的風格與判斷,即使對於生活在同一屋簷下的夫妻來說,也是如此。

張健今年30歲,在一家外商企業擔任技術部經理,比他小一歲的妻子則是一家律師事務所的員工,兩人有個活潑可愛的女兒。

在別人眼中,張健一家的日子過得很不錯。每個月的家庭收入近十五萬,足以保障這個年輕的三口之家享受中等的物質生活,而每月平均十萬多的結餘也讓他們的銀行帳戶有了快兩

第六章　幸福家庭的祕密：學會包容與尊重差異

百萬的累積。

但生活如人飲水，冷暖自知。張健小時候家境並不富裕，即使現在收入不菲，他依然保持著節儉的生活習慣。面對節儉的張健，妻子稱其為「守財奴」，還覺得兩人應該趁年輕多多享受生活。因此，兩人經常因為消費觀念不同而引發爭執。

其實，所謂夫妻性格不同，實質上只是一方沒有讓另一方如願以償。同樣道理，所謂性格相合、情意相投，就是夫妻雙方彼此都能獲得滿足。這種互相滿足包括物質上和精神上的，透過努力是可以做到的。因此，夫妻的性格不同，即使已經到了見到對方都感到是一種精神折磨的地步，也不要輕易選擇分道揚鑣。與其哀嘆與對方性格不同而不合，不如身體力行，透過主觀努力，在現實生活中彌補不合，擺脫困境。

要擺脫性格不同而產生的困境，需要經歷一段時間的磨合期。有心理學家把夫妻之間磨合期分為三個階段：遷就 —— 接納 —— 應心。遷就，就是彼此寬容，面對現實，接受現實，彼此認同；接納，就是勉強地接觸，並漸趨自覺的過程，等彼此接納時間久了，也就習慣了，不僅不覺得勉強，反而覺得非對方不可；應心，就是夫妻經過接納，逐漸做到性格、習慣、氣質、作風等方面的適應，互相熟悉，配合默契，最終達到高度和諧。

更何況，一男一女能夠走到一起，一定會有一些相似的觀念，但也免不了會有諸多不同，個性、脾氣、嗜好、修養、知

識、價值觀、世界觀等可能都會有所不同。就是由於有這麼多的不同，兩人又要在一起生活，才需要夫妻雙方在互相理解、互相接納的過程中不斷成長。

再說親子關係，即父母與子女的關係。人們結婚，有了子女後，一種新的、曠日持久的交往又開始了。子女與父母雖然有著血緣關係，但他們又與父母有著那麼多的不同。從毫無生存能力到能夠自食其力，父母要為養育小孩付出巨大的心血。到了青春期，小孩們開始發現甚至主動擴大與父母的不同。在整個親子交往過程中，無論是父母，還是子女，只要能夠正視這種不同，學會包容對方的不同，雙方就都能從中獲得成長。

每一種性格都代表著一種習慣性解決問題的方法，都可以透過自己性格的主要特徵去重新發現本體的價值。一個幸福的家庭允許性格不合，這樣才可以讓家庭成員不斷成長，讓每個人都能夠扮演好對方生命中的獨特角色。

第六章　幸福家庭的祕密：學會包容與尊重差異

● 性格互補式婚姻的美好生活

一提起夫妻性格，很多人都會不自覺地羨慕那些「志同道合」、「志趣相投」、「心有靈犀一點通」的夫妻。當然，在婚姻生活中，性格相似的夫妻的確容易溝通，畢竟「物以類聚，人以群分」嘛。而且，兩個人情投意合、相濡以沫久了，雙方的表情模式和飲食結構當然就會逐漸變得相近，從而讓兩個人的外表產生幾分神似，形成「夫妻相」。

想要婚姻幸福，性格合適的確是關鍵。但在婚姻生活中，有時並不能盡如人意，讓急性子配急性子，慢性子配慢性子。即便真如這般讓兩個性格一致的人組成家庭，一發生衝突，照樣會雞飛狗跳，沒完沒了。相反，如果急性子和慢性子的人相配，如果能注意互補，往往會產生剛柔相濟、急慢相和、動靜相宜的效果。

阿雅和丈夫是透過相親認識的，當時她身邊的好姊妹都已經出嫁，在她想嫁人的時候，這個男人正巧出現，所以，兩人相處半年就步入了婚姻殿堂。

婚後，一些戀愛時不以為然的小問題就出現了，並且成為兩人的分歧所在。比如丈夫愛交際、愛看電影、愛打籃球，而阿雅喜歡文學藝術、喜歡寫文章。她覺得丈夫的嗜好太累人，丈夫覺得她的嗜好有點悶。漸漸地，夫妻之間似乎因為少了一

性格互補式婚姻的美好生活

份共同的嗜好而變得有些疏遠了。

兩人覺察出其中的問題後，便決定坐下來溝通，最終達成一致，一定要好好地過下去，因為他們都深愛著對方。丈夫雖然是個不拘小節的人，但當初吸引他的就是阿雅的文靜和良好的修養；而阿雅想，丈夫也有很多可愛之處，比如會做家務，心地善良。

他們開始尊重彼此的嗜好，不再把自己的嗜好強加給對方。現在，他們吃完飯就關掉電視出去散步，聊聊各自感興趣的話題，彼此增進了解，感情也逐漸昇華。

以前她討厭體育運動，但在丈夫妙趣橫生的描述中，她開始穿上運動裝，週末去打羽毛球，那種「出一身汗」的感覺的確不錯。而阿雅有時候寫故事寫不下去了，也會跟丈夫閒聊，丈夫同樣能為她構思一些故事情節。

久而久之，阿雅發現他們的生活越來越豐富了，彼此既能享受自己的那份嗜好，又能了解對方的另一片天地。丈夫沒事就會哼起流行歌曲，她也能如數家珍地說出一些大牌球星的名字。兩個人既獨立又互補，她真切地感受到了婚姻的美好。

阿雅和丈夫的性格原本是不同的，一個外向，一個內向；一個好動，一個好靜。但兩人經過溝通和努力後，都發現了對方身上更多吸引自己的地方，並自願改變自身的某些行為和習慣，最終達到和諧，使雙方都感到滿意。

可以說，他們的愛情經歷了由「性格不合」到配合默契的

第六章 幸福家庭的祕密：學會包容與尊重差異

「互補式愛情」的轉變。在這個過程中，阿雅和丈夫都做出了理解對方、容忍對方的嘗試和努力。

在我們的生活中，有很大一部分夫妻的性格是不相同的，有的急，有的慢；有的動，有的靜；有的外向，有的內向；有的善於言辭，有的則沉默寡言……但就是因為他們的性格各不相同，所以在生活中可以由另一方來補充自身的不足。

從心理學的角度上講，婚前性格差異較大的雙方往往更容易相互吸引。而在婚姻中，一般活潑的人也更容易迷上性格內向、說話少的人，這樣的搭配也更理想。比如性格外向的人大多活潑開朗，而性格內向的人則顯得穩重、深沉。那在婚姻生活中，就可以讓活潑開朗、善於交際的一方主外；讓穩重、做事心細的一方理財。簡而言之，夫妻雙方的經歷、興趣和脾氣不同，我們可以稱之為「異質」，而「異質」是可以互補的。

值得一提的是：千萬不要想著如何去改造對方，那樣只會擴大彼此的裂痕。我們所要做的是尊重對方，幫助對方，相互適應。這才是幸福婚姻的真諦！

● 婚姻不是博弈，沒有勝負之分

什麼是婚姻？用一個比較粗淺的說法，就是兩個人一起過日子。如果彼此可以做到心心相印、舉案齊眉，當然再好不過。但是，如果你不能懂我的內心，還請你學會包容；如果我不能走進你的心底，我也願意試著理解你的苦衷。而不是用吵架代替交流，或者是用冷漠代替溝通。因為，婚姻不是博弈，永遠沒有贏家。

阿榮是獨生女，從小被父母捧在手心裡長大。生了小孩後，阿榮的父母就搬到家裡來幫忙。在阿榮眼中，父母和丈夫都是一家人，一定不會出現什麼隔閡。但在她媽媽眼中，這個女婿是個外人，總能挑出對方的問題。尤其是當小倆口發生爭執的時候，媽媽會表現得比阿榮還生氣，把女婿責罵得一無是處。

有時，連阿榮都覺得媽媽過分了，剛勸兩句，媽媽就罵道：「我白養你這麼大，為你好都看不出來？你還過來幫他說話？我又沒罵他打他，只是讓他好好照顧你，忍著一點你的脾氣，事事順著你。我告訴你，你要是壓不住他，輸了家庭地位，就得一輩子受他氣。我們住在這裡他還這樣對你，將來我們不在了，看你日子要怎麼過……」

阿榮既勸不了媽媽，也安撫不了老公，家裡偶爾的小爭執也升級成了經常性的吵架。不知該如何處理的阿榮狠下心，直

第六章　幸福家庭的祕密：學會包容與尊重差異

接跟公司申請了出差，遠離爭端。

丈夫不滿她的做法，打電話提出了離婚。阿榮這才清楚，婚姻並不是一場博弈，在婚姻中，無論誰輸誰贏，如果婚姻破碎了，雙方就都輸了。想通的她決定回家解決這件事。她先是把父母勸回家，然後和丈夫坐下來好好交流了一番。

之後，阿榮除了會在生活中提醒丈夫注意身體健康之外，再不會提任何要求。丈夫也摒棄前嫌，如戀愛之初那樣疼愛著妻子。阿榮沒有按照媽媽的建議去壓制丈夫，反而收穫了幸福美滿的婚姻。

從戀愛走向婚姻，很多嫁為人婦的女性總會因為無法忍受丈夫的一些行為而情緒暴躁。比如當丈夫上廁所忘記沖馬桶的時候；當丈夫回家沒換衣服就躺上床的時候；當收拾家務時從房間的各個角落翻出丈夫的臭襪子的時候⋯⋯相信很多人都會暴跳如雷，恨不得自己從沒認識過這個人。

正如人們常說的，「即使是最美好的婚姻，一生中也會產生二百次離婚的念頭和五十次想要掐死對方的衝動，更別提不幸的婚姻了」。其實，這一切與雙方的情緒控制能力有很大關係。當你的丈夫忘記沖馬桶、忘記換衣服、到處亂丟臭襪子，甚至是兩人相對無言的時候，你當然不會給對方好臉色看。而你的丈夫在感知到你的情緒後，就會回饋給你更不好的臉色。而這，就是婚姻從美好走向不幸的開端。

當你無數次向對方發脾氣抱怨：「為什麼說了那麼多遍你還

婚姻不是博弈，沒有勝負之分

是記不住？」或是使出渾身解數想要改變對方卻絲毫沒有作用的時候，很可能是你忽略了一件非常重要的事情，就是在改變對方之前，你是不是應該先改變自己，而這個改變應該從情緒開始，控制自己的脾氣，正確看待對方，並重新審視自己的婚姻。當我們領悟到這個道理後，才有可能挽救自己處於危機中的婚姻。

前幾天，楊女士的丈夫向她提出了離婚。朋友知道這件事後，覺得很詫異，「好好的為什麼離婚？」

原來，楊女士和她的丈夫曾多次因為一點小事而發生爭執，然後小爭吵就升級成了大戰爭。終於有一天，她的丈夫向她憤怒地說：「我每天上班那麼累，下班還要聽你嘮叨，不是嫌我不沖馬桶，就是念叨我不換衣服就上床睡覺，再不就是數落我加班不陪你……我娶的到底是一個老婆還是老媽子？真是受夠你了，離婚吧。」

「你的老公真的這麼糟？沒有一點優點？」朋友問。

「沒有。」

「如果沒有優點，你當初為什麼會嫁給他？回答這個問題之前，你也不要潛意識地就去想那些不快樂，或者是你向別人抱怨他的事情。調整自己的情緒，再想想看？」

「其實也沒那麼差，他每次出差回來都會帶給我小禮物，陰天下雨都會接送我上下班……」

「你看，他並不是沒有優點的。所以，你下次不妨換一種情

第六章　幸福家庭的祕密：學會包容與尊重差異

緒看待他。不能遇到事情就吵架，這又不是什麼比賽，非得分出個勝負才行。」

之後，朋友再沒有聽到楊女士離婚的消息，倒是經常看到她臉上洋溢著幸福的笑容。

兩個人在一起生活久了，難免會發生衝突。但婚姻不是博弈，無須分出勝負。如果你執意要在婚姻中爭出個輸贏，要求誰必須「唯命是從」，漸漸地，你就會發現，即使你掌握了這個家庭的「話語權」，你的婚姻也不會幸福。

所以，當你向別人訴說對伴侶的抱怨和不滿時，不妨自問一句：「他真的如此不堪嗎？」之後，或許你就會得到不一樣的答案，看到另一個自己的同時，也發現對方更加美好的一面。

● 家暴：婚姻不能承受之重

　　幸福的家庭是愛情的安樂窩，也是生活的動力泉源。然而，家庭暴力卻成了家庭幸福的「大敵」，讓你的安身之所、你的心靈港灣承受了它本不該承受的壓力，它好像家庭內部產生的龍捲風，所到之處皆是斷壁殘垣。它刮傷的不僅是我們的身體，還有我們受傷的心。

　　一般情況下，家庭暴力的源頭都是男人。之所以如此，是因為在傳統觀念中，男人將女人當作自己的私有物品，既然是私有物品，潛意識中就會產生「自己的女人任由自己處置」的想法，家暴就是在這樣不平等的觀念下產生的。

　　而家暴不僅會導致婚姻破裂、家庭解體，還可能因此引起自殺、殺夫等案件，令人怵目驚心。

　　江小姐在金融機構工作，有著穩定的收入。25歲時，她與相處一年的男友攜手走上紅毯，一年半後，女兒出生。照理說，這應該是一個非常幸福的家庭。但因為丈夫的霸道，導致夫妻之間的衝突不斷升級，丈夫也開始向江小姐大打出手。

　　對婚姻大失所望的江小姐曾多次從家裡搬出去單獨居住，但每次又在丈夫的認錯和承諾中回家。為了小孩，江小姐也不想讓自己的家庭破碎，期待著丈夫能夠慢慢變好。結果丈夫動手的次數卻越來越多，下手也越來越狠。

第六章　幸福家庭的祕密：學會包容與尊重差異

在被丈夫施暴的幾年中，江小姐的手、腳都被丈夫打到骨折過，頭髮也曾被成片成片地扯下來。後來，江小姐發現丈夫竟然有了出軌行為。憤怒到絕望的她終於提出了離婚。丈夫不願意，對她又是一陣拳打腳踢，江小姐最後也因過於害怕而選擇了妥協。

但是，長期遭受家庭暴力，生活在恐怖、緊張氣氛中的江小姐，心裡對丈夫早已充滿了仇恨。終於有一天，她趁著丈夫熟睡時用水果刀狠狠地刺向了丈夫的要害，使其當場斃命。最後，江小姐因故意殺人罪受到了法律的制裁。

家暴就像家庭的毒瘤，無情地存在著，並且周而復始地發作，使受暴者一次次遭受身體和精神上的雙重傷害。家暴對受暴者的傷害顯而易見，對正常婚姻關係的傷害更是不言而喻。

如果父母之間的衝突在小孩身上釋放，就可能讓小孩心裡的陰影慢慢擴大，而一個在恐懼和暴力中長大的小孩，在人格發育上往往也會存在缺陷，比如膽小多疑、沒有主見、容易放棄、心理健康程度低下等等。

當你遭遇到家暴，你的忍氣吞聲其實是在助長施暴者的惡行。要減少家暴，在第一次家暴時就應大聲說：「不！」這是施暴者心理愧疚感與罪惡感最重的時候，你要做的就是抓住時機，告訴他你無法容忍，讓他徹底反省自己的錯誤。一旦你忍受了一次，家暴就可能在你「寬容」中潛入你的婚姻生活，如影隨形。

家暴：婚姻不能承受之重

因此，遇到家暴問題後，首先應拒絕沉默和忍耐，嘗試溝通和調解，如不能在家庭內部解決問題，則可以尋求家暴防治中心的幫助；實在沒辦法解決的，應儘早透過法律途徑解決。

崔小姐與丈夫結婚後，丈夫經常向她發脾氣，發完脾氣後又十分後悔，馬上就會向她道歉。但隨著時間的推移，丈夫發脾氣的次數越來越頻繁，還經常伴隨著辱罵和毆打。

這天，崔小姐與丈夫再一次因家庭瑣事而發生爭執，丈夫竟然心狠手辣地用手指挖妻子的左眼，導致崔小姐的眼球因穿刺傷被摘除。經醫師鑑定，崔小姐所受傷害的失能等級為第七級。

之後，崔小姐將丈夫告上法庭，並要求離婚。法院同意崔小姐的離婚請求，並判其丈夫犯故意傷害罪，判處有期徒刑十年。

面對家庭暴力問題時，社會往往會把同情都給受害者，把指責留給施暴者。其實，施暴者的心理健康一樣需要關注。現代社會競爭加劇，男性在工作、生活中有更多的壓力、困惑和煩惱。如果不能及時自我調節和疏導，便會造成人格扭曲，產生低自尊、妒忌等病態心理。

一個家庭中反覆出現家暴現象，往往不只是某一方面的問題，整個家庭都有責任。面對家暴問題，施暴者和受暴者都應及時反思，理性且有效地進行深度溝通，找到問題的根源，商量出解決問題的辦法，防止類似情況的再次發生。

第六章　幸福家庭的祕密：學會包容與尊重差異

● 再婚，用接受差異通往幸福的方向

有一些離婚女人，剛離婚時說：「我把男人看透了，誰也靠不住，以後我就自己過，不再結婚了。」但當她真的遇到自己認為合適的那個人時，照樣會一頭栽進去。這主要源於人們追求幸福的本能，渴望在第二次婚姻中得到自己想要的幸福。但是，生活真的會像人們想像得那般容易嗎？我們先來看看下面兩個再婚女人的案例吧。

案例一

在第一段婚姻中，胡女士和丈夫因為性格不合而離婚。一年後，她與現在的丈夫相識，經過幾番思忖後，她決定再婚。但是，再婚的生活並不如想像中那般幸福。

有一次，她下班回到家，看見丈夫坐在電腦前一邊玩遊戲，一邊喝可樂。茶几上還扔著昨天晚上的果核，廚房裡更是亂成一團。

「你提前下班就不能收拾一下啊！」看著悠哉的丈夫，胡女士沒好氣地說。

「我也剛下班，累了一天了，剛打開電腦玩一下。」丈夫狡辯道。

聽了丈夫的話，胡女士更加委屈了。自從兩人結婚後，家事全落在了自己身上。丈夫雖然經常加班，但他即便早回來，也從不動手。再想想自己的前夫在家務上絕對是一把好手，家務總是主動做，每天她一下班就能吃到可口的飯菜。現在倒好，自己都成了這個家的「傭人」了。胡女士越想越生氣，甚至有點後悔嫁給現在的丈夫。

案例二

珍珍和前任丈夫離婚，是因為對方有了外遇。這件事對珍珍的打擊很大，一度對所有男人都失去了信任，直到現在的丈夫李先生出現。兩人相識於一場朋友聚會，雙方都覺得很談得來，然後順理成章地戀愛、結婚。

但是，婚後的珍珍卻有些神經質，哪怕丈夫只是晚回家一下，她都會胡思亂想。有一次，丈夫的一個女同事因為工作上的事打電話過來，珍珍知道後更是心神不寧。

細心的丈夫發現了珍珍的不安，也知道她為什麼會這樣。為了解決這個問題，他每天中午都會利用吃飯時間傳訊息給珍珍，叮囑她好好吃飯，落款則是「永遠愛你的老公」。外出辦事時，他也會主動向珍珍匯報進度。如果有訊息進來，只要珍珍在旁邊，他就會假裝正在忙碌，讓珍珍幫忙讀一下訊息⋯⋯

在丈夫的細心體貼下，珍珍終於不再草木皆兵。有一次，丈夫的大學同學聚會，徵求珍珍的意見時，她還很大方地開玩

第六章　幸福家庭的祕密：學會包容與尊重差異

笑說：「去吧，像你這麼『笨』的老公，除了我，還有誰看得上啊！」

可以看出，對於再婚之後的家庭生活，上述兩個案例是完全不同的情況。其實，對於遭受過情感背叛的人來說，其內心都是非常脆弱的，甚至很自卑，擔心自己無法吸引異性，害怕再次遭到背叛的打擊。能做出再次結婚的決定，說明彼此之間已經建立了一定的信任關係。但是，對於遭受過情感挫折的人來講，其心裡的「定時按鈕」隨時會啟動，因為上一次所受的打擊是在結婚後，所以，他們的敏感和多疑也會在這次結婚後被觸動。

因此，身為另一半，一定要了解到對方的敏感是因為害怕失去愛，是本能地自我保護，應該耐心地安慰對方，其中做出愛的承諾是很重要的。比如案例二中，丈夫在訊息中說的「永遠愛你的老公」，就是屬於語言上的承諾，而讓對方幫忙看訊息，則屬於行為上的，實際上是在告訴對方「我愛你，所以信任你，願意和你分享一切」。不要小看這些愛的承諾，它是撫平對方心理創傷、滿足對方安全感的最好方式。

另外，再婚夫婦要養成發掘現在伴侶優點的習慣。曾有一位成功挽救了自己婚姻的女士在介紹經驗時說：「我規定自己，每週都要發現他的一個優點，並記錄下來。很奇怪，自從我這麼做之後，我們的婚姻就漸漸改善了。」這的確是一個很好的辦法。

尤其要注意的是，切勿說出「你還真不如前任」之類的話。不管多麼生氣，你都要告訴自己，不要用前任伴侶的優點來和現在伴侶的缺點做比較。那是非理智的行為，如果惹怒了現在的伴侶，很可能會造成再次離婚的悲劇。

對於再婚家庭，家庭治療大師約翰·貝曼（John Banmen）博士有過經典的論述：「我們希望每個人都可以接受彼此的差異，你並不是因為喜歡他與你的差異才去接受它，而當你接納了這件事情之後才能看到到底發生了什麼，有什麼變化。首先你必須以非常開放、誠實而且不是評判的、批判的態度，看看它們能不能一起為這個家庭共同工作。如果有一些好的出發點，一般在這之後的成果也是比較好的。有時候這個融合是要花一些時間的，我們發現一個再婚的家庭中要達到和諧，至少要花兩年的時間來適應彼此的差異。薩提爾『接受彼此差異』的模式是一個正向的過程，不管什麼時候發生，我們都希望把它帶入一個好的方向，通常在這個過程中，等待是值得的。」

比起初婚家庭，再婚家庭所要面臨的家庭關係往往更加複雜，這就需要夫妻雙方拿出更多的耐心和智慧來調整心態、整理關係，這樣，再婚的家庭才能維持溫馨和諧。

第六章　幸福家庭的祕密：學會包容與尊重差異

● 苛刻的家庭關係為問題家庭播種

　　知名作家說：「人們日常所犯最大的錯誤，是對陌生人太客氣，而對親密的人太苛刻。把這個壞習慣改過來，天下太平。」仔細想想，好像的確是這樣，父母與小孩、丈夫與妻子這些最親密的人之間，也許是因為彼此太熟悉了，所以說話時總是不經過大腦思考，說出的話太過直白，容易傷害到家人。

　　歡歡今天上學忘記帶數學作業本，便打電話讓媽媽送到學校警衛室。晚上回家，才剛進門媽媽就開始數落她：「你的腦袋裡裝的是稻草嗎？」、「你一天到晚都在做些什麼，脖子上的腦袋就是個裝飾嗎？」一連串的反問句表達出強烈的否定情緒，令歡歡實在無法招架，不知該如何解釋。

　　還有一次，歡歡的英文沒考好，家長會後，媽媽斜著眼睛看著她說：「好長一段時間發現你都心不在焉，都做什麼去了？你不會不知道英文單字要天天背吧？不會不知道英文成績在總分中占的比例吧？」

　　歡歡說：「媽媽經常用這種語氣說話，對爸爸也是這樣，像開檢討會似的。」媽媽為此很傷心：「這小孩不懂得體諒，太任性。」歡歡反駁道：「你每次跟我說話都帶著諷刺、挖苦的語氣，你都不知道，是嗎？一定要這麼說嗎？」媽媽一臉茫然：「什麼？我諷刺、挖苦你？我是這樣說話的嗎？」

諷刺、挖苦，勢必帶來人們的不滿情緒，而這種不滿情緒造成的極端結果，更是我們不願看到的。尤其是在文明社會，子女殺害父母的事件卻頻頻發生。從 29 歲逆子錘殺年邁雙親事件，到留日學生刺傷母親事件，許多父母不禁心驚膽顫、扼腕嘆息：天理何在、倫理何在？究竟是什麼原因造成了這些違背道德倫理的社會悲劇？

造成這些悲劇的原因很複雜，但其中一個不可忽視的原因就是 —— 子女對父母的不滿情緒，如果父母總是用武力來解決問題，總是限制子女的自由，為子女設計了完美的人生藍圖，但子女一點都不喜歡等等，都會導致子女想要報復父母的錯誤行為。

而根據某網站的調查統計顯示，有九成大學生自述曾「被傷害」。「你看看人家誰誰」、「你永遠都趕不上誰誰」、「你一點出息都沒有」、「你讓我丟臉」等話語，被大學生們評為「最傷小孩心的話」，覺得很傷自尊。

心理學家認為，家庭成員的自尊非常重要，自尊其實就是家庭成員的自我評價，過低的自尊不僅容易導致家庭成員自身產生問題，也容易引發家庭問題。輕則造成家人之間不願溝通，感情淡漠；重則導致小孩性格缺陷、家庭不和睦；極端的甚至會導致子女傷害父母。現實中，家庭成員的自尊過低往往伴有如下特徵：自我否定、難以與人溝通、害怕失敗、不敢冒險、

第六章　幸福家庭的祕密：學會包容與尊重差異

尋求權威庇護、心理防禦機制明顯。這些特徵都是評估家庭成員自尊的基本依據。

張彥是一家公司的小職員，性情隨和，結婚五年，家裡的大小事情都會聽從妻子的安排。但妻子漸漸發現，只要有朋友在場，張彥就會「性情大變」，不但喜歡在朋友面前誇誇其談，還喜歡挖苦諷刺自己，以此來表現他在家庭中的地位。

這天，張彥又在朋友面前彰顯自己的家庭地位，隨口對妻子說：「男人們說話你待在這裡做什麼，進去。」妻子壓在心裡許久的積怨因為他的這句話徹底爆發了，她大聲地說：「你憑什麼讓我進去，你憑什麼讓我聽你的，自己幾斤幾兩不知道嗎，幹嘛裝模作樣？我不喜歡聽，也伺候不了你，離婚！」

像張彥這樣的男人，在平時的工作中往往是那種逆來順受、庸庸碌碌的小人物，能夠表現自己的地方不多。因此，他們回到家往往用貶低妻子的方式來展現自己的「大男人」形象。當然，這不能說是他們的有意行為，而是他們在親朋好友面前缺乏自信的自然反應。他們害怕別人瞧不起自己，所以潛意識地在妻子面前故作強大，來彌補自己其他方面的平庸與不足。

日常生活中我們看到很多夫妻在相處時總是貶低對方，直接拿對方的自尊開玩笑，比如嘲笑對方的學歷太低、諷刺對方的收入不高、挖苦對方某方面不及別人、責怪對方做的飯菜難吃、對對方得到的新成就表示不屑、蔑視對方的個人嗜好、打擊對

方的積極性、阻礙對方進一步發展等。這是多麼愚蠢的做法！

　　為什麼要用如此殘忍的方式來折磨自己的伴侶、親人呢？或許，就是因為對一個陌生人充滿了畏懼，所以你忍氣吞聲；而對於親密的人，你了解他，所以你運用情感上的暴力來折磨他，以換取內心的舒暢；又或許，你對我所有的傷害，只不過仗著我愛你而已。

第六章　幸福家庭的祕密：學會包容與尊重差異

● 貪欲是家庭不幸的元凶

托爾斯泰（Tolstoy）曾說過，「欲望越小，人生就越幸福」。一個人懂得知足，才會活得灑脫，快樂和幸福才有可能常伴左右。但現實卻是，大多數人都希望自己擁有的東西多一些，再多一些，他們總是不滿足。就像法國哲學家盧梭（Rousseau）說的：「10歲時被點心、20歲時被戀人、30歲時被快樂、40歲時被野心、50歲時被貪婪所俘虜。人，到什麼時候才能只追求睿智呢？」

在婚姻生活中，人們最開始可能只是想要有個溫馨的家庭，但有了家庭之後，又想要富麗堂皇的大房子，然後還想要車子，有了房車後又想換豪車……心裡的欲望越來越多。生活雖然越來越好了，但幸福感卻不升反降。

有一個男人，經過自己的艱苦努力，終於擁有了自己的事業和家庭，房子、車子樣樣俱全。有一天，這個投身商海的男人覺得累了、疲倦了。想想自己目前所擁有的一切，他覺得已經夠了，便對妻子說：「親愛的，在這個社會上，我們也算是富足了，我想好好休整一段時間，然後去找個簡單的工作。」

妻子不滿地說：「身為男人，要有遠大志向，豈能小富即安？再說，和真正的富翁相比，我們還差得遠呢。」妻子的話像針一樣深深地扎進他的心裡，他開始感到迷茫，人活著究竟為了什麼，難道就為了那些白花花的鈔票？

然而未等他再展宏圖，長期勞累靠抽菸補足精神的他就被檢

查出得了肺癌。醫生安慰他：「慢慢調養，保持快樂的心情，病情就不會惡化。」但他卻感覺身邊的一切都變得陌生，好像都不認識了。他整天一句話也不說，常常對著窗外的小鳥發呆，想著自己再也飛不高了，什麼創業、追求、人生，現在都沒有意義了。

他去世前，留給妻子一句短短的遺言：「欲望是滋生禍端的根源。」妻子看到後淚流滿面。

有人說，欲望是一個人不懈追求的原動力，可以不斷加持我們的內心，進而做出一番成績。但欲望過多，就成了貪婪，它是人性中的致命弱點。而這，正好與我們想要獲得的滿足感、幸福感相背離。就像《伊索寓言》裡所說的：「有些人因為貪婪，想得到更多的東西，卻連現在所擁有的也失去了。」

有一個人想得到一塊土地，地主就對他說：「清早，你從這裡往外跑，跑一段就插個旗桿，只要你在太陽落山前趕回來，插上旗桿的地都歸你。」那人就拚命地跑，太陽已經偏西了還不知足。太陽落山前，他終於跑回來了，但已精疲力竭，摔了一跤後再沒起來。好心人挖了個坑，就地埋了他。牧師在幫這個人祈禱時說：「一個人要多少土地呢？就這麼大！」

仔細想想，我們現在所擁有的東西並不少，只是個人欲望太多，羨慕別人所擁有的或期望比別人擁有更多，致使心裡失衡，產生嫉妒和憂愁。真心希望人們能理解到這一點，懂得克制自己的欲望，學會知足常樂。如此一來，即使我們身處陋巷，也能感受到生活的美好。

第六章　幸福家庭的祕密：學會包容與尊重差異

● 用兩種面孔對待事業和家庭

　　隨著經濟和社會的不斷發展，人們需要更加努力才能在各自的工作中獲得進步，進而站穩腳跟。如此一來，難免會出現工作和家庭難以兼顧的情況。那麼，我們要如何處理二者之間的關係，並在家庭和事業中間找到平衡點呢？

　　張女士在一家外資企業當主管，在提到自己如何處理家庭和事業的關係時，她說：「我在工作中養成了一個習慣，就是勇於發號施令，這種習慣不自覺地就帶到了家裡。家裡有什麼事，我先發表觀點，先生要是不同意，我就一直說到說服他為止。慢慢地，我發現丈夫不愛說話了，我們的關係也很緊張。後來我聽了朋友的建議，努力改正自己愛發號施令的習慣。」

　　「現在，我努力調整自己，在家裡盡量做到以下三點：第一，時刻提醒自己，家庭是第一位的，我個人是第二位的；第二，我盡量不當家，什麼事都由他做主；第三，工作上的事也多向先生請教。這麼一來，先生對我的意見越來越少了。」張女士頗有感觸地說。

　　事業與家庭是人生的兩大支柱，但是，在這兩個支柱之間卻存在著許多衝突。要正確處理家庭和事業的衝突，必須養成一個良好的習慣，那就是：不把工作帶回家，當然也包括不把工作的煩惱帶回家，這樣可以使家庭生活更加和諧快樂，家庭

的順利發展反過來還可以有力地推動事業的發展，如此便可形成家庭與事業的雙贏。

但很多人對此並沒有一個明確的認知，導致近年來中年上班族的心理危機越來越嚴重。之所以如此，除了與這些事業有成的人對自己往往有著比一般人更高、更完美的要求有很大關係之外，還因為他們長期處於一種競爭激烈的環境之中，所以當他們遇到某種挫折後，也更容易產生負面情緒。

再加上身居高位的他們難以找到可以傾訴的知心朋友，負面情緒難以排解，產生心理危機的機率當然更大。當他們把這些不良情緒帶回家後，戰火就隨之燒到了家裡。因此，你一定要切記：不要把工作帶進家門！

也許你會說：「這怎麼可能！難道主管來了電話還能不接嗎？」其實所謂不把工作帶回家，是對平衡工作和家庭的一項要求。那麼，如何才能做到「不把工作帶回家」呢？

對此，你可以在工作中制定出每天的計畫。這種計畫，最好要詳細到早、中、晚餐哪裡吃，要跟誰溝通，獲取什麼訊息。每天的工作分多少個時段，每個時段要解決掉什麼問題。當你有了詳細的計畫後，你的工作效率就會大大提高，工作按時完成的機率也會大增。

在工作中，除了提高速度還應注意品質。工作要有較高的品質，就意味著你沒有時間抱怨、不滿、偷懶。不論何時何地，

第六章　幸福家庭的祕密：學會包容與尊重差異

只要是工作需要，我們就得學會心無旁騖，全身心投入。只有如此，你的工作技能和品質才能真正提高，做到高品質完成工作。

所謂工作之道，一張一弛。家是工作後憩息的港灣，是人生奔向輝煌的加油站。如果你是一名公司主管，那麼無論你在工作的時候有多麼強勢，回家後也要把溫柔和體貼留給你的伴侶和小孩，而不是習慣性地呼來喚去，那樣會在不自覺中傷害你的家人。

如果你在工作上遇到了不順利，在回家的路上盡量克服這種負面情緒，用轉移注意力、給自己禮物等方式來營造自己的良好心情，保證在打開家門的那個瞬間用笑容迎接家人，這樣你的家人也會被你的好情緒感染，跟著變得快樂。

● 即使吵了架，也是一家人

　　俗話說，牙齒和舌頭也有打架的時候，一家人偶爾鬥鬥嘴，本是常事，沒什麼了不起。大家鬧過彆扭之後，還是相親相愛的一家人。需要注意的是，不管家人之間怎麼吵，我們都不要說傷害對方自尊的話。即便彼此的衝突已經大到解不開的地步，也不要說太超過的話。

　　安安和然然是一對雙胞胎兄弟。安安的性格有些內向，但比較固執，脾氣暴躁，遇到不順心的事，常常會一個人糾結很久，並且會透過摔東西、大吼大叫來發洩。而然然呢，心態比較平和，凡事順其自然。因此，對於安安的某些舉動，即便是他這個雙胞胎哥哥，也表示非常不理解，常常會因為勸阻安安而激怒對方。

　　有一次，安安考試搞砸了，心情不好，回到家就開始生悶氣。剛好那天父母都不在家，然然心情也不怎麼好，就說：「你能不能冷靜一點，不就一次考試嘛，小事情，你一個大男人，也太鑽牛角尖了。」

　　一句話說到了安安的傷心處，再加上性格問題本來就是他的禁忌。所以安安馬上變了臉色，直接跟然然吵了起來，最後還大打出手，即便父母有心調解兩人的關係，但也沒辦法，他們一連半個月都沒說過一句話。

第六章　幸福家庭的祕密：學會包容與尊重差異

　　一家人相處，很多人都覺得，我們可是一家人，骨肉相連呢，不用那麼認真，氣急了說幾句不好聽的話也沒什麼，他會了解我的。殊不知，這樣的想法實在是大錯特錯。就是因為彼此之間是親人，有些傷人自尊的話才會顯得更加傷人，使對方難以忍受。

　　換位思考一下，如果是路邊一個陌生人說你是「無恥之人」時，你會為此而感到傷心嗎？通常來講，並不會。因為你和對方都不熟，你可能還會覺得好笑，心想：「這是個神經病吧，什麼都不知道就亂說。」

　　但如果是我們的家人也這麼說，並且是用無比認真的語氣對我們說時，你又會有何想法呢？家人與我們相處的時間最長，對我們瞭若指掌，雙方已經建立起深厚的情感基礎，但就是這種情況下，對方卻說：「你無恥！」恐怕我們心裡只會感到委屈、憤怒和不能接受。

　　這就是我們常說的，「親近之人的刀子，往往比陌生人的刀子更具殺傷力」。因此，與家人相處時，我們一樣應該注意照顧對方的感受，不要說傷害對方自尊的話。哪怕彼此的關係鬧僵了，正在氣頭上，也要了解，有些話是絕對不能說的。即使有幾句鬥嘴的話，也別忘了「我們是一家人」。

　　有一天，阿明的表哥找他和表弟喝酒，兩人都看出表哥的情緒一直不好，猜測是和大嫂吵架了，才出來喝悶酒。三人喝到將近凌晨，阿明覺得差不多了就想回家。但當他起身時，表

弟用力拉住他。阿明不願意,表示一定要回去。這時,表哥一拍桌子:「讓他走,一點面子也不給。」

可能是在酒精的作用下,阿明感覺一下子被激怒了,毫不遮攔地怒斥:「你一有事就喜歡自己胡思亂想,把自己弄成這副樣子給誰看哪?」

表弟在一旁看不下去了,拉開兩人,說:「大家都是親兄弟,何必呢?這事情到這裡就算了啊⋯⋯」他的心頓時「咯噔」一下,腦海中想到小時候跟表哥一起玩、表哥曾經對他好的畫面,當下便知道自己這話說過了頭,連忙跟對方道歉。

很多親人之間有了衝突,總是覺得錯在對方,甚至會指責和攻擊對方,結果導致雙方的衝突進一步升級。這樣一來,再深的感情也可能被打散了。

其實,一家人之間心的距離越近,說話時可能越不會思考該用什麼方式。但吵得再凶也不怕,只要事後能夠靜下心來,想想對方的好,主動換位思考一下,學會理解對方,並主動承認自己的錯誤,即使是吵了架,也可以繼續做相親相愛的一家人。

第六章　幸福家庭的祕密：學會包容與尊重差異

第七章

先處理好情緒,才能處理好關係

第七章　先處理好情緒，才能處理好關係

● 改變自己的負面情緒

　　日常生活中，多數人都曾受過或大或小的傷害，比如心愛的人離開你，母親太忙碌無法照顧你，父親非常嚴厲並且常常責罵你一無是處，甚至有些人經歷過讓人不堪回首的暴力事件⋯⋯這些毫無道理的傷害事件會讓我們滿心痛苦甚至生起報復之心。對此，心理學家表示，人們無法杜絕痛苦事件的發生，但可以改變痛苦帶給我們的影響。

　　因為家庭生活條件等原因，婷婷從小被送到鄉下撫養，換過很多家庭，直到 10 歲才回到父母身邊。回來後，無論是父母還是她，都無法建立起自然而親近的親子關係，無奈之下，父母帶她去找心理諮商師。

　　心理諮商師先是讓婷婷指責自己的母親，把一直以來的不滿宣洩出來。只見她艱難地舉起表示指責的手指，聲音微弱地說：「媽媽，你愛我嗎？為什麼要把我送出去？這幾年我很孤單，我真的不喜歡在別人家的感覺⋯⋯」

　　情緒失控的婷婷哽咽著，幾乎說不下去。等她平靜之後，諮詢師又讓她扮演母親，從母親的角度回覆小孩的質疑。婷婷溫柔地為母親辯解：「當時是沒有能力撫養你才不得已將你送出去的，我們很愛你，你回來後我們想補償，但又不知道如何表達⋯⋯」

改變自己的負面情緒

經過這次角色扮演，她了解了父母當時的處境，心裡的怨恨也漸漸消失了。

情緒，對我們來說既熟悉又陌生，熟悉的是我們每天都會被各式各樣的情緒所影響，陌生的是我們對它卻不甚了解，反而經常被它左右。實際上，情緒是我們心理受到刺激而失去平衡所產生的狀態，它並沒有好壞之分，只有正面與負面之分。正面情緒如開心、興奮、自豪，能帶給我們正面的能量，而負面情緒如焦慮、緊張、憤怒、沮喪等，則會帶給我們負面的影響。

一般情況下，我們會否定負面情緒，因為它使我們做事的效率降低，甚至會讓別人討厭自己。事實上，只要我們學會正確的處理方法，負面情緒也沒有我們想的那麼可怕。

劉先生最近工作不順利，心裡很煩躁，他每天回來都覺得很累，而且兒子最近成績不好，所以他總是罵聲不斷，要不是老婆攔著，兒子可能還得挨打。

這天，他看到兒子的日記，幾乎每頁都有這麼一句話：「今天爸爸又發脾氣了，我不知道我到底哪裡做錯了。媽媽說爸爸很愛我，但是爸爸真的愛我嗎？」他大驚，沒想到自己的負面情緒帶給兒子如此不好的印象。自此，他每天都把工作的負面情緒丟在外面，回家就高興地陪兒子和老婆，還經常買小禮物給家人，他發現兒子在他的影響下也變得越來越快樂。

第七章　先處理好情緒，才能處理好關係

處理負面情緒關鍵要靠自我調解，如果負面情緒來自家人，千萬不要輕易動怒，先避開當時的環境，出去散步或者和知心好友聊聊，等到情緒平緩後，再來找出問題的癥結所在。如果負面情緒來自自身，最好讓自己先有一個獨處時間，使內心獲得平靜，透過自我反省找出問題核心。有時負面情緒是因為工作或生活的壓力而產生，這時候我們必須調整自己的生活狀態，不讓自己的負面情緒影響到家人，這樣才能杜絕負面情緒的傳遞。

另外，一個人之所以會有負面的情緒反應，是因為他一直把焦點放在自己無法控制的問題上。對此，我們可以採用下面這個基本法則來處理：只把十分之一的時間放在問題本身和負面情緒上，其餘十分之九的時間放在解決問題上，尤其不把時間浪費在小問題上；而且要尤其記住一點，生活中除了生死真的沒有什麼大事情。

下面是一個心理學的故事，相信會給你一些啟發。

有一個精神病人，以為自己是一朵蘑菇，於是他每天都撐著一把傘蹲在牆角裡，不吃也不喝，像一朵真正的蘑菇。

一天，精神科醫師也撐了一把傘蹲在病人的旁邊。病人很奇怪地問：「你是誰呀？」醫師回答：「我也是一朵蘑菇呀。」病人點點頭，繼續做他的蘑菇。

過了一下，醫師站了起來，在房間裡走來走去。病人就問他：「你不是蘑菇嗎？怎麼可以走來走去？」

改變自己的負面情緒

醫生回答說:「蘑菇當然可以走來走去啦!」病人覺得有道理,也站起來走走。

又過了一下,醫師拿出一個漢堡開始吃。病人又問:「咦,你是蘑菇怎麼可以吃東西呢?」醫生理直氣壯地回答:「蘑菇當然也可以吃東西呀!」病人覺得很對,於是也開始吃東西。

幾個星期以後,這個精神病人能像正常人一樣生活了,雖然,他還覺得自己是一朵蘑菇。

從這則故事中我們可以發現,當一個人悲傷得難以自持的時候,也許他不需要太多的安慰,他需要的只是能有一個人在他身邊蹲下來,陪他做一朵「蘑菇」,用行動告訴他,他不是一個人。

原來那些阻礙我們停滯不前的負面情緒,其實並沒有我們想像中那麼嚴重。改變自己對待負面情緒的態度,在受到傷害後,坦然面對它,最後接受它,這才是處理情緒創傷的正確方法。

第七章　先處理好情緒，才能處理好關係

● 接納失望的情緒

當人與人產生分歧的時候，常常伴隨著失望的情緒。從心理學的角度來看，失望是一種負面情緒，分為兩種，一種是對外在人、事、物失望，一種是對自己失望。對外在人、事、物失望，必然源於想控制人、事、物的心理，如果無法如願，就失望了；對自己失望，則源於內心深處不接受自己，認為自己不夠好。

對外在人、事、物的失望有時是因為我們對周圍的人和事物要求過高。海明威（Hemingway）說過：「人類真正的需要是微乎其微的。」要求過高，勢必會導致失望的情緒產生。如果我們秉持尊重的界限、不操控的態度，失望的情緒就不會輕易出現了。

有位女孩很喜歡鋼琴，但因為小時候家裡窮，她一直沒有學習鋼琴的機會，鋼琴就成了她心中的一個夢。後來她結婚生子，便想讓小孩幫自己圓夢。兒子剛3歲時，她就帶著兒子去聽鋼琴演奏。兒子6歲時，她滿心歡喜地帶著兒子去上試聽課，可是兒子卻不停地哭鬧吵著要回家。無奈之下，她只好把兒子帶回家，想到自己一直以來的夢想，再看看不肯配合的兒子，她覺得非常失望。

這時，兒子對她說：「媽媽對不起，可是我實在不喜歡學鋼

琴。」說完一臉愧疚，眼眶裡還有淚水。她這才醒悟：鋼琴是自己的夢，卻從來都不是兒子的夢，為什麼要把自己的夢想強加給兒子呢？於是她向兒子道歉，並承諾以後讓他做自己想做的事情。兒子終於破涕為笑。

情緒管理專家這樣說：「愛一個人只是給你為他做某些事的權利，而就算是這樣，接不接受，還是由對方來決定的。」這就是在告訴我們，要懂得尊重界限，做我們能做的，不操控對方。只有做到這一點，才能減少失望。

在《世界上最偉大的業務員》一書中，我們可以發現同樣的道理。有的業務員總是想操控客戶購買他的產品或服務，結果讓客戶非常反感，推銷失敗；而成功的業務員則是多為客戶著想，對客戶的決定表示尊重，這樣客戶反而很感激他，使推銷成功率獲得大幅提升。在家庭生活中也是如此，做你能做的，其他則以尊重為原則。

世界上的事情可以分為三種：自己的事、別人的事、老天的事。對於我們自己的事，要盡量把它做好，就算結果不盡如人意，只要盡力了就可以了，接受這個結果，就不會失望；對於別人的事情，我們可以提示對方還有更多的選擇，無論對方如何決定，我們秉持尊重原則、不操控的態度去應對，就不會失望；對於老天的事情，諸如自然災害等，我們無力改變，就要用正面的態度去面對，這樣我們就會很坦然，不會失望。

第七章　先處理好情緒，才能處理好關係

　　對自己失望，大多數是因為自己想要達到的目標沒有實現，以至於覺得自己不夠好，甚至恨自己無能。這實際上是一種不接受自己的表現。比如考試沒有拿到前三名就會很失望，認為自己沒有資格失敗，甚至會產生自卑心理。這種情況下，我們要學會自我安慰，成功固然是好事，但就算不能成功，也不要對自己失望。我們只需做到盡力而為、問心無愧就好。

　　鄧飛覺得自己是個失敗的人，先是在公司上班幾年也沒做出什麼成績，然後又因背黑鍋被炒了魷魚；之後下海經商，投下去的幾十萬塊還不到三個月就打了水漂；前幾天，相處五年的女友又離自己而去了。

　　他對自己充滿了失望。這時，剛好他的父親來看他，看他頹廢的樣子，伸手就打了他一巴掌：「你這副德行對得起我，還是對得起你臥病在床的母親？在你母親眼裡，你事業有為，充滿責任心又孝順，你現在這樣對得起她嗎？」

　　他忽然驚醒，自己在母親眼中是如此好，而現在卻自暴自棄……

　　經過父親一番教誨，再回想起自己所經歷的一切，他覺得當初自己的確已經盡力了。當他從內心真正接受了這樣的自己後，終於不再自怨自艾。經過一段腳踏實地的努力後，他的事業也迎來了新的轉機。

　　在人生的某個時刻，我們都會和失望狹路相逢，被或大或小的失望所圍繞。如果你的承受力差，或許一次失望就會把你

打倒，讓你從此一蹶不振。如果你的承受力好，能正面接納失望的情緒，你就容易做到從失望中重新振作起來，吸取教訓並繼續努力。

　　失望了並不要緊，要緊的是你要反思從中能學到什麼，下次如何才能做好。不要輕易替自己下結論，一兩次的失敗並不能代表人生的失敗，反而可能對你的人生產生正面作用，因為它用**事實幫**你上了一課。它提醒你重新審視自己的目標，並調整自己的目標使之更加切合實際。

第七章　先處理好情緒，才能處理好關係

● 慢慢動怒，快快釋放

　　開車時，車前突然冒出一輛電動車，嚇得你趕快煞車，你可能會馬上罵一句：「想死啊，有病！」

　　中午和同事吃飯，突然遇到一個插隊的人，你可能嘴上不說心裡也會嘀咕：「真是沒水準。」

　　晚上回家，看到沉醉在電視劇中的小孩，頓時想起前幾天那張不及格的考卷，你可能會馬上教訓道：「整天就知道看電視，看看你考的那幾分，好意思嗎？再這樣下去，你就完了……」

　　生活在快節奏的社會，我們很容易心浮氣躁。對很多事情，我們總是憤憤不平、據理力爭，最後甚至會大打出手，弄得雙方不歡而散。

　　遇到一件不開心的事情，我們難免會情緒暴躁。把這種情緒帶到家庭生活中，就會覺得身邊的每個人都在和我們作對，從而引發新一輪的生氣，導致情緒的惡性循環，對我們的家庭造成嚴重的影響。

　　週末，趙女士因為小孩不好好寫作業而生氣，她心裡不斷告訴自己要冷靜，但看著小孩一臉無所謂的表情，心裡的火就不斷往頭上升。婆婆看她臉色不好，連忙走進去岔開話題。看在婆婆的面子上，趙女士瞪了小孩一眼離開了。

　　當天中午，丈夫裝水時一個沒注意，和趙女士撞上了，滿

滿一杯水灑在她身上。不過是一杯攝氏二十多度的水，但趙女士還是誇張地大叫了一聲，丈夫以為燙到了她，連忙去看。趙女士卻不依不饒，開口就朝丈夫罵道：「連杯水都端不好，你說你還能做點什麼？一天天待在家什麼都不做，就指望我⋯⋯」丈夫心裡覺得冤枉，當然開始反駁。於是，一場家庭戰爭開始了。

相信每個人因為壞情緒而影響自己的生活時，都會覺得產生這樣的結果是非常不值得的。但是，很多人還是會因為一點小事生氣，甚至會情緒失控，並在之後的生活中，繼續被這種情緒牽著鼻子走。

長期處於負面情緒狀態不僅會傷害到自己的身體健康，還會對自己的形象造成不良的影響。所以，當我們遇到讓自己不開心的事情時，我們不應將事情擴大化，讓我們陷入負面情緒的惡性循環中。

我們應該學會「慢慢動怒，快快釋放」。比如不同的人在面對同樣的事時，都會產生不一樣的看法，尤其是在自己不被理解的情況下，更會堅持自己的觀點，勢必要爭出個高低來才罷休。但這樣的堅持，只會把彼此的衝突進一步激化。這個時候，我們不妨學著換位思考一下，將心比心，相信會更容易理解彼此的立場。

趙先生今天的工作不順利，帶著一臉煩躁回到家後，發現妻子不僅沒做好飯，還坐在電腦前上網，他心裡更生氣了。但他並沒有馬上發脾氣，而是先深呼吸幾下，然後走到妻子身

第七章　先處理好情緒，才能處理好關係

邊，想和她「好好談談」。

站在妻子身後，剛好看到妻子正在瀏覽的網頁，上面是妻子提出的問題：「老公快生日了，我該送他什麼？」

看到這裡，他心裡的火一下子就熄滅了。他抱著妻子說：「謝謝，娶到你就是我最好的禮物了。」妻子聽後一笑，甜蜜地說：「嘴真甜，快去準備，媽今天讓我們到那邊去吃飯。」

所以說，遇到事情一定要慢慢動怒，先了解清楚情況再決定如何處理。試想一下，如果趙先生一回家不管三七二十一先跟妻子發飆，那一場家庭戰爭一定是免不了的。可見，能否在事情發生的第一時間，先從理性的角度把自己的情緒和思維整理好再有所行動，將對你的家庭生活好壞發揮決定性的作用。

● 嫉妒是惡化夫妻關係的毒藥

一般來說，成年男女都會存在不同程度的嫉妒心理。當然，輕微的嫉妒心理並沒有什麼破壞性，還會激勵一個人去努力進取。但強烈的嫉妒心理卻會成為夫妻生活的一大隱患，如果不能及早消除，很容易為夫妻關係埋下禍根。

32歲的朱莉在離婚後的第二年，遇到了現在的丈夫，對方比她小兩歲，剛和相處三年的女友分手。

剛開始認識，兩人就把自己的婚史情史告訴了對方，避免以後翻舊帳，同時，他們也想看看對方的反應，想知道對方是不是能接受自己的過去。

婚後朱莉卻發現，那些「過去」根本繞不過去。比如她看過丈夫三任女友的照片，都是長髮飄飄、身材高挑的美女，並且年紀都比丈夫小，都是能被稱為「女孩」的類型。而自己呢，早就沒有了傲人的身材，渾身上下都充斥著「中年婦女」的氣質。「這才是最令人感到嫉妒的地方。」朱莉說。

因為嫉妒，她經常會和丈夫發生爭執，有時還會故意逗丈夫，讓他說說他的前幾任女友都有些什麼特點，比如漂不漂亮、腿長不長什麼的。每次問丈夫都會生氣，說她神經病，「你下次能不能別再問這麼愚蠢的問題？」

但是，朱莉一看到丈夫盯著那些年輕的女孩看，或者獨自

第七章　先處理好情緒，才能處理好關係

點起香菸沉默不語的時候,她就會胡思亂想,覺得丈夫是不是又在想念哪個她,再想到丈夫前幾任女朋友的手機號碼現在還被留在通訊錄裡,她一樣嫉妒得發狂。

現代社會中,婚前同居的人越來越多,離婚率也越來越高,有過幾段情史或婚史的男人女人不在少數。比如高中時暗戀的體育教師,大學時愛過的「女神」,進入職場後,或以結婚為目的或不以結婚為目的的同居戀人,結婚後又因為各式各樣的原因選擇離婚的伴侶……

那些過去一定會在你的身邊留下痕跡,比如戀愛的紀念物品、甜蜜的訊息或合照……那是那些所謂的過去留下來的痕跡,是那些過去存在過的證明,並且已經深入你的骨髓。當現任看到這些的時候,怎麼可能不在乎,或者是你一句簡單的「已經過去了」就真的過去,更不是只用簡單的好奇心或簡單的吃醋就能解釋的。

對愛情的患得患失使得我們想去和伴侶的前任比較。所以,嫉妒便時不時地冒出來,不是去揭別人的傷疤就是去揭自己的傷疤,直到兩人都痛徹心扉才停止。其實,何必如此呢?如果我們換一種心情去看伴侶的那些過去,不是更容易讓彼此得到幸福嗎?

35歲的趙先生已經結婚五年了,他的妻子之前結過一次婚,但兩人從沒有因為彼此的過去而發生過爭執,他和妻子過得很幸福。他說:「我妻子的前夫是個非常有錢的人,我並不嫉

妒他曾經擁有她，我嫉妒的只是他曾給了她更加舒適的生活。」

趙先生還記得妻子剛和自己住在一起時，搬來了很多昂貴的餐具。趙先生表示，自己每次使用那些餐具的時候，都會覺得那是對自己的指責，因為妻子現在的生活條件的確不如以前了。

後來，那些昂貴的餐具都從他手裡「不小心」滑落，全部摔壞了。這時，兩人好像都了解到了什麼，相視一笑這事情便過去了。「這就是對待過去的最好方法之一，將過去轉化為彼此間的默契。」趙先生笑著說。

嫉妒由何而來？聖奧古斯丁（Saint Augustine）早在很久以前就提出這樣一個命題——「不妒者不愛」，從而把愛情與嫉妒連成一體。但事實上，嫉妒根本不是愛，而是擔心失去愛。

心理學家表示，嫉妒是一種普遍、複雜而且具有迷惑性的感情，它常常掩藏著難以名狀的沮喪和欲望。很多人把嫉妒當成愛的證明。如果伴侶不嫉妒，我們反倒會譴責對方，甚至嫉妒的程度也成了衡量感情深淺的尺規。但事實卻是，嫉妒往往會使夫妻關係惡化，甚至導致家庭破裂。

在論及幸福家庭的特性時，有心理學家是這樣說的：「所有家庭成員在地位上是平等的，彼此信任、誠實，家庭成員間互相支持。」如果你老是處於嫉妒中無法自拔，不妨回想一下你們剛相識的時光，並努力尋回當時的信任感。你要相信，你的伴侶是這個世界上和你最親密的人，你們的伴侶關係是獨一無二的，絕不會被輕易破壞掉。

第七章　先處理好情緒，才能處理好關係

● 期待，只是看上去很美

阿鈺最近很鬱悶，因為就連在她眼裡最差勁的女同事都嫁出去了，自己卻還在繼續尋找屬於自己的 Mr. Right。難道是她個人條件不好？並不是！阿鈺的長相和身材可是都不差。

於是，她開始頻繁在各種交友網站上留言，但結果並不盡如人意。更令人感到意外的是，當她抱怨自己在交友網站上回覆率很低時，竟然有人說：「那是因為你條件太好了，看上去更像個『婚姻仲介』！」怎麼會這樣？

現代都市中，像阿鈺這樣條件不錯的「單女」越來越多，她們的年齡一般在 28～35 歲之間，身材苗條、相貌姣好、收入不錯，經常出現在各種高級宴會，身穿名牌時裝，最低學歷大學，生活無規律，追求者無數，不結婚，不排斥愛情，她們是美貌與智慧雙全、適婚年齡或者更年長仍未嫁的成功女性。

以前只有條件不好的人容易單身，現在各方面條件都不錯的單身女子也越來越多。沒有任何宣言，「單女時代」已經到來。而多數「單女」們表面光鮮，內心卻極度空虛。

她們身上有著同樣的特質：對自己，同時對男人都有高要求。一個女人，對自己要求高是應該的，這樣你才能有份好工作，獨立自主；有十年不變的苗條身材，姣好的容顏；有股票房子，買昂貴保養品時不用看男人臉色。然而，倘若你盲目地

對男人也有各式各樣的要求，諸多挑剔，只能說明你並不了解男人，或者你至少不了解男女之間的愛情規則。

「他都 30 歲了，還跟父母住在一起，怎麼會這樣？」

「天哪，他居然在照相時穿粉紅色的襯衫，以為自己是貝克漢嗎？」

「他的眼睛太大了，我討厭大眼睛的男生。」

就這樣，「我應該找個什麼樣的人」，幾乎是「單女」每天入睡前的必修課。在一次次思考中，那個男人的形象日益清晰，她的心裡充滿喜悅，覺得革命已經成功了一半；第二天睜開眼睛才發現，儘管她覺得自己的要求並不高，甚至每個條件都是最基本的，但同時符合所有條件的男人還是鳳毛麟角。

「單女」當然也知道「退一步海闊天空」的道理，可是，都已經堅持到這個地步了，一旦妥協豈不是前功盡棄？因為不甘心、怕後悔，所以只好繼續堅持下去。更麻煩的是，她們還故作輕鬆地說：「我覺得在每個教育程度較高的城市，都會有很多單身的年長女性。」好像文明發展的程度是以「單女」的多少為標準。但倘若你的年齡超過 28 歲，未婚，那就真的需要花一點時間來考慮一下，如何才能讓自己更快地嫁出去。

孟肯（H. L. Mencken）曾誇張地寫道：「生命有兩種選擇：保持單身，過得慘兮兮；或者結婚，希望自己死掉算了。」在無愛的魔咒下，獨居不免悽慘，因為覺得少了什麼，像是被人遺

第七章　先處理好情緒，才能處理好關係

棄了。而且，當愛缺席的時候，即使身處順境，我們仍覺得悲哀，很容易成為孤獨、焦慮的爪下獵物。

科學研究顯示，一段親密關係會影響到人的大腦機能、內分泌和免疫系統的健康發展。印度聖哲尼薩加達塔（Sri Nisargadatta Maharaj）也曾說過：「生命是愛，愛是生命。」

那如何「脫單」呢？這個難題，其實很好解決。你只要放棄那些對 Mr.Right 的幻想與期待，嘗試與男人約會就好了。

「他絕不可能是我喜歡的類型」，就是這些武斷的判斷，使你的單身生活越來越漫長。也許當你嘗試著跟他一起喝茶、吃飯，就會發現跟父母一起住的男人不一定真的買不起房子，喜歡穿粉紅襯衫的男人也不一定都是自大狂。能不能遇到對的人並不完全是靠運氣，還要靠對待愛情的態度。所以，不要拒絕與一個看上去「不太合適的男人」約會，男人需要耐心發掘。

在心理學上有一條很重要的理念，即我們要為自己的期待負責。那麼，我們如何為自己的期待負責任？不僅要清晰、直接地告訴對方「我的期待」，而且要有充分的心理準備：對方可能滿足我們的期待，也可能由於各種原因無法滿足我們的期待。如果期待沒有被滿足，我們可以降低標準，在自己可接受的範圍內適當進行妥協，還可以用別的期待替代目前的期待。只有具備這樣的成熟心態，才能順利「脫單」。

「我不是不想嫁，可是我覺得⋯⋯」這樣「紙上談兵」的交流只會讓你對未來男友的要求越來越多，最後只好去火星上找老

公了。去約會吧,跟他們吃飯、聊天、牽手,然後再來談論什麼樣的男人適合你。你必須讓自己身上有迷人的戀愛氣味,越戀愛越有異性緣,越不談戀愛越容易被剩下,事情真的就是這樣子。

第七章　先處理好情緒，才能處理好關係

● 怨氣只會帶來心靈上的創傷

「你根本不了解我。」

「你不尊重我。」

「你不肯對我付出時間和關心。」

「你總占我便宜。」

「你從不讚賞我的長處。」

…………

日常生活中，我們會發現很多人都有過這種抱怨，我們的婚姻和家庭變成了戰場，人們相互責難並互討公道。

這些責難和爭吵傷害了自己也傷害了身邊的家人。那麼你有沒有想過一個問題，為什麼即使會傷害到自己和周遭的人，我們還非要製造敵人、培養怨氣不可？

一般情況下，當一個人在向自己的伴侶抱怨時，很多時候是在表達，你是不是不愛我，更精確地說，你是不是不愛我最真實的樣子。這種埋怨在生活中很常見，如果說妒忌是傷害自身的毒藥，那麼，埋怨就是傷害對方的一支毒箭，對家人的傷害更深更強烈。喋喋不休地嘮叨、埋怨不僅會使家庭蒙上陰影，還會嚴重影響家庭其他成員的身心健康，尤其會對子女的成長產生不良影響。

也許你認為那些嘮叨是對對方愛的表現，但在對方看來卻囉

怨氣只會帶來心靈上的創傷

哩囉嗦增添煩惱；也許你認為你只是一時衝動把話說重了，但在對方看來卻是你日積月累的不滿情緒終於爆發。這種怨氣是無形的，但它卻會替你和你的家人帶來不愉快，甚至是生命的代價。

有一對夫婦雙雙失業，不得已之下，他們只好帶著小孩去投靠一位親戚。途中，妻子抱著年幼的小孩不停地指責丈夫：「你怎麼這麼沒用啊？像人家那樣多賺點錢就不至於到今天這個地步了！你看你，做什麼砸什麼！你怎麼不去死！」

丈夫原本沒說什麼，越聽越生氣：「好好，我現在就去死，順了你的意！」說完直接從天橋上跳了下去，當場身亡。妻子後悔莫及。

其實每個人都有自己的優點和不足，有些事，有些人做起來得心應手，但讓另外一些人去做，卻舉步維艱。

在這種情況下，就需要互相理解和體諒。在丈夫沒有升遷的時候加以安慰鼓勵，在兒子成績不好的時候頒發個「加油獎」，在自己事業不順的時候努力開導自己，讓自己心情變得陽光。心理學研究證明：人在充滿怨氣的時候，會傾向於採取發怒、摔東西等形式直接向對方發洩出來。而這種方式在大多數情況下都會對自己和對方造成很大傷害。在你想發飆的時候，不妨多想想對方的優點，將埋怨變成鼓勵，這樣不僅避免了一場家庭危機，對方也會因為你的鼓勵不斷進步。

一個人想要活得幸福，看待事情的角度很重要。學會感恩、知足，即使已經一無所有，我們依然可以過得幸福。

第七章　先處理好情緒，才能處理好關係

● 吃醋，源於不自信和占有欲

「吃醋」一詞，據稱源自唐朝。唐太宗李世民準備賜給宰相房玄齡幾名美女做妾，而房玄齡是出了名的「妻管嚴」，怎麼也不敢接受。唐太宗知道房玄齡夫人是個悍婦，便派太監持一壺「毒酒」傳旨房夫人：「如不接受這幾名美妾，即賜飲毒酒。」誰知房夫人面無懼色，接過「毒酒」一飲而盡。但房夫人並未喪命，原來壺中裝的是醋，唐太宗是想以此來考驗她。唐太宗告訴房玄齡：「房夫人果然剛烈，朕也敬重她三分，你以後就好好聽她的吧。」、「吃醋」的故事就此流傳開來。

醋的味道是酸的，嫉妒之滋味也是酸的，於是「吃醋」就成了男女間因第三者的介入而產生嫉妒之情的代名詞。

曾經有這樣一句話：「世界上不吃飯的女人還有幾個，而不吃醋的女人一個都沒有。」在現代社會中，吃醋已經不分性別、不分年齡，吃醋時的表現也因人而異：有的人醋勁很大，會把自己的氣憤和不滿完全表現出來；有的人則會壓抑自己，不願將自己的醋意表現出來。吃醋本身是無可厚非的，但是「醋」太多的話，不僅不會成為愛情的「調料」，還可能會成為愛情的殺手。

2008年10月，某大學教授在上課前，被一個手持菜刀衝入教室的人砍傷，隨後不治身亡。據該校目擊學生證詞，嫌犯為

該校大四學生,這名學生認為該教授曾與其女朋友關係曖昧。

2010年6月,一名30歲左右男子因感情糾紛欲割腕自殺,警方趕到後與其對峙兩個多小時才將其制伏。據稱,該男子自殺是因為凌晨他發現其女友與另一名男子在一起吃宵夜,於是情緒變得激動。

2010年11月,凌晨3點鐘,兩名男子來到一名女孩的住處,要求女孩在兩人之間做個選擇。女孩痛苦之下,從六樓樓頂跳下,急救人員經過將近一個小時的搶救,依然無法挽回這位年僅20歲女孩的生命。

2011年12月,一對夫妻因妻子借錢給前男友,在公車上吵起來,最後當著警察的面欲雙雙跳河。

…………

當然,這裡羅列的還只是一些因為吃醋而導致的極端情形,日常家庭生活中,一不小心打翻「醋罈子」的事情更是數不勝數。為什麼會有如此普遍的吃醋現象?心理學家發現,這主要源於兩種心理情緒:

對自己和伴侶的感情缺乏自信

「他們看起來很合適。」、「那個男人的外貌和背景都比我強多了,她為什麼會選擇我呢?」、「和她比起來,感覺自己糟透了」……對自己和伴侶的感情缺乏自信,很容易使得人們醋意橫生,為了不讓第三者介入自己的愛情,遠離第三者是很多人的

第一選擇。這是因為在愛情之中,很多人覺得自己魅力不夠,從而產生強烈的自卑及挫敗感。

對於這種情況,方法就是多稱讚伴侶並向對方表達自己的愛意,讓這位「醋罈子」對感情重拾信心。

對伴侶的占有欲太強

有些女孩很討厭自己的男朋友看別的女孩,常常會因此大發脾氣。這種表現可以理解,不過,如果占有欲太過強烈,甚至不願伴侶和別的異性正常交往,結果很可能導致伴侶因為失去自由而提出分手。

一個占有欲很強的人為此而過度吃醋,可能會變本加厲地折磨伴侶,希望伴侶時刻在自己的身邊,這樣才會感到安心。如果「醋罈子」的伴侶為了自由選擇拋棄愛情的話,那麼兩個人很快就會分手。

看到這裡,或許你已經豁然開朗了。即使你很希望伴侶時刻在身邊,心裡只有你一個人,但要知道,愛情並不能成為限制對方自由的理由。俗話說「小別勝新婚」,愛情並不會因為自由而消失,反而會因為自由而更加甜蜜。

無論是因為不信任還是因為想占有,吃醋都不能太超過。整天懷疑伴侶,甚至不擇手段地窺探對方的隱私,會讓本來和睦的家庭漸漸走向崩潰。所以,我們要調整好自己的心態。

● 如何釋放怒氣

日常生活中，我們難免與身邊的人發生摩擦，我們可能會感到憤怒，這時候如何正確釋放怒氣並解決這些摩擦，就成為我們需要重點關注的問題。

林女士有個 14 歲的女兒，今天是女兒參加期中考的第一天。女兒考完試後心情明顯不太好，不知道是不是考得不理想。吃完晚飯，女兒表示要回房間複習功課。一個多小時後，林女士走進房間想看看女兒有什麼需要幫忙的，卻看到女兒趴在床上一邊聽音樂一邊看課外書。

「明天還要考試，剛才你也說要複習，但你現在卻在看課外書，可以告訴我原因嗎？」女兒卻發脾氣說：「你好煩呀，我自己會安排，不用你管！」

林女士覺得有點抓狂，想和女兒發飆又馬上告訴自己要冷靜。她坐到女兒身邊，用手揉了揉女兒的肩，輕聲問道：「是今天的考試沒發揮好？還是擔心明天的考試？或者是因為其他什麼原因？願意跟媽媽說嗎？」女兒沒有回應她。

「要不然你先去洗澡，身體舒服了，讀書才能更有效率。」女兒還是不說話。

「實在讀不進去的話，那你洗完澡就直接睡吧，不要讓自己太累了。不管你考得怎麼樣，爸爸媽媽都愛你。」林女士笑著說。

第七章　先處理好情緒，才能處理好關係

「那不行，老師說這次考試成績會影響國三的升學，怎麼能不複習呢？我今天下午的歷史考試因為時間不夠，有一題5分題沒寫，重點是我會寫的，所以我要在後面的科目裡補回來。」女兒終於說出自己心情不好的原因。

「看來歷史沒考好影響了你的心情。但它已經發生了還能怎麼樣呢？不能的話，那你現在願意做些什麼讓自己高興呢？是繼續一個人生悶氣還是開始複習呢？」林女士看著女兒問道。

「你問我那麼多問題，我怎麼知道怎麼辦呀？」女兒自言自語，手裡卻已拿起明天要考的課本開始看。

看女兒的情緒已經平靜下來，林女士接著說：「你現在對考試成績越來越關心了，還用實際行動去證明自己，媽媽很高興。但不管這次考得怎麼樣，都要學會接納自己，考得好有經驗，考得不夠理想有教訓，考的還可以就既有經驗又有教訓。當然，媽媽知道你是想要考好的，我相信你。好了，我睡覺了，你也早點睡！」

「知道了，我愛你，抱一個！」女兒主動靠在林女士懷裡說道。

有心理學家將人們對待怒氣的態度比喻為對待惡犬：將牠們關在一個狹小的空間，鎖上大門，圍欄高聳。那些飢餓的惡犬不停地咆哮，一旦打開牢籠，牠們就會殘忍地撕咬。但是如果我們愛護我們的狗，接納並且照顧牠們，我們就可以安全地將牠們放出來。對待憤怒，同樣如此。

家庭生活中，父母並不是聖人，他們也會生氣。但是，如果他們能了解到自己的憤怒，並且重視它，用正確的方法釋放它，不但不會傷到小孩，還可以發揮教育小孩的作用。下面這個故事就為我們提供了一個在小孩犯錯時，母親正確釋放怒氣的方法。

11歲的東東一回到家就大叫：「我沒辦法打籃球，我沒有球衣！」他的媽媽原本可以給小孩一個臨時的、可行的建議，比如說：「那就去穿那件寬鬆的上衣。」或者，如果小孩希望她提供幫助的話，她也可以幫助小孩找一件上衣。

但是，東東的媽媽並沒有這樣做，而是向小孩說出自己真實的想法：「我很生氣，我真的很生氣。我幫你買了五件球衣，但你不是放錯了地方，就是丟了。你的球衣應該放在你的衣櫃裡，這樣，當你需要的時候，你就知道該去哪裡找到它們了。」

東東的媽媽表達了她的憤怒，但是沒有辱罵小孩。她後來說道：「我一次也沒有提過去的牢騷，沒有翻舊帳，我也沒有提到我兒子的名字，我沒有說他是沒有條理的人，也沒有說他不負責任。我只是描述了我的心情，以及以後該怎麼做才能避免不愉快。」媽媽的話幫東東找到了一個解決辦法，於是，他馬上跑去找那些放錯地方的球衣了。

由此可見，在對小孩的教育中，父母正確地釋放憤怒可以發揮正面的作用。事實上，在某些時刻，不生氣並不會為小孩帶來好處，反而給小孩一種漠不關心的感覺，因為那些關心小孩

第七章　先處理好情緒，才能處理好關係

的人很難做到一直不生氣。這個時候，正確釋放怒氣，讓小孩理解到自己錯誤的同時不會被嚇到，才是教育小孩的正確方法。

現實生活中，我們很難做到不生氣。既然生氣是不可避免的，我們就要學會用正確的方法把它表達出來，努力將危害降到最低。

● 從容接受家庭的變故

　　人生的旅途中，可能會面對各種挫折。也許上天不公，它曾給了你一個幸福美滿的家庭，又硬生生地拆散。在這麼沉重的打擊之下，你覺得苦悶，悲傷無處發洩，你覺得什麼都是不公平的，你每天都在想為什麼這種悲劇只發生在你的身上。

　　但是，如果你留意身邊的人，你會發現很多人其實比你還不幸，但因為他們選擇積極向上，從容接受家庭變故，所以他們的世界好像每天都是晴天。由此可見，如果我們只是一味執著命運的不公，老是抱怨，不肯繼續前行，那最終的結果就可能是傷人傷己。

　　王陽和妻子原本有兩個聰明可愛的女兒，但是，妻子有一段時間迷上了打麻將，只要別人一約她就去。有一次，妻子在外打麻將的時候，家裡意外失火。等妻子趕回家的時候，兩個女兒已經沒了呼吸。

　　妻子對此事耿耿於懷，覺得是自己貪戀打麻將葬送了兩個小生命，而王陽也每天都覺得很痛苦，他把女兒的名字刺在胸口，每天看到都很難受。過了一段時間後，夫妻兩人都覺得這種日子過不下去，最終選擇了離婚。

　　人生本來就有很多挫折，但我們要學會調整自己的心態。比爾蓋茲曾經說過：「生活本來就是不公平的，除了適應，我們別無他法。」

第七章　先處理好情緒，才能處理好關係

　　心理學專家指出，家庭的變故往往是人們心中最難跨越的一道檻，人們接受家庭變故的心理能力明顯弱於接受工作失敗等其他挫折的心理承受能力。當發生家庭變故時，心靈上多少都會產生創傷，這時候，你可以選擇自暴自棄，每天愁雲慘霧地活著，也可以選擇笑著去面對苦難，讓身邊的人不為你擔心。

　　在遭遇家庭變故之後，如果你能堅強地站起來，那麼你會發現你得到的是一種新的生活。也許在家庭變故中，你的親人因為各種原因永遠離你而去，但是他們留給了你最寶貴的東西，那就是他們對你的愛。他們希望你靠著這份愛好好活下去，而不是看到你自怨自艾，每天活在悲傷和自責之中。

　　小李懷孕三個月的時候，她的丈夫因車禍喪生。許多人都勸她放棄這個小孩，認為這是她的負擔。公公和婆婆則雙雙跪在她的面前，求她為家裡留下血脈。

　　小李把自己關在屋子裡好幾天，出來之後和往常一樣，開始從容地處理丈夫的後事，在家靜心養胎。女兒出生之後，她又找了份工作，小孩則交給父母和公婆輪流帶。

　　剛開始的時候，日子真的很苦，小李每天都忙得團團轉。直到女兒上了小學後，生活才開始好轉。當有人問起她當年為何要留下小孩時，她笑了笑：「因為那是丈夫留給我的愛呀。」

　　人生總會遭遇許多坎坷，許多變故，倘若我們無法改變現實，改變周圍的環境，我們可以選擇改變自身的態度，積極面對，並學著堅強起來，心中帶著愛去體會生活。

第八章

好情緒，讓小家庭充滿愛與幸福

第八章　好情緒，讓小家庭充滿愛與幸福

● 每天都做「快樂練習」

一對夫妻外出時遭遇車禍，經過搶救後，丈夫康復了，妻子卻因此失明。為此，妻子總是鬱鬱寡歡，整日把自己關在家裡，不願出去見人。為了治好妻子的眼睛，也為了讓妻子擺脫車禍的陰影，再次開朗，丈夫四處求醫，但一直沒有任何效果。有一天，一位高明的醫生偷偷教給他一個辦法，讓他回去教給他妻子。

於是，丈夫回家告訴妻子說：「你的眼睛會好起來的，我們一起學著彈鋼琴，當我們學會第一千首曲子時，你就能看見了。」此後，妻子每天都會和丈夫學一首新曲子。

等到一千天過去之後，妻子的眼睛雖然沒有復明，但她已經不再消沉。因為她感覺每天和丈夫在一起彈琴的時光是那樣美好而快樂，她學會了正面地面對人生。

正面樂觀的心態可以幫助我們勇敢面對生活中的所有坎坷與磨難，這是快樂的力量。那麼，怎麼才能每天都保持快樂呢？

這裡有個小祕方，那就是每天都做「快樂練習」。也許你會問：快樂也能練習嗎？這是當然，如果你每天都想著快樂的事情，不去想不愉快的事情，稍稍強迫自己去做一些快樂練習，那麼當快樂成為你的習慣時，你就會發現煩惱已經在不知不覺中離你遠去了。

所以，如果你想要讓自己的生活更加快樂，就要為自己訂好計畫，用有意義的活動來填滿你的生活，把不快樂的情緒擠出去。這不僅能為自己帶來快樂，也能為家人帶來更多的快樂。

如果你正處於悲傷的情緒中無法自拔，找不到生活的樂趣，那麼不如試著按照下面的方法做練習。

練習時間：每天晚餐後、睡覺前。

練習內容：寫出這一天發生的三件好事。

具體要求：堅持一個禮拜每天晚上都這樣做。當然，你所列出來的三件事可以是一些微不足道的小事，比如「今天中午，同事幫我準備午餐，我很開心」，或者「媽媽今天生日，全家在一起吃飯，我很快樂」。

在每件正面事件後面，都寫上自己對「為什麼這件好事會發生」這個問題的回答。比如你的同事為你帶午餐是因為他很關心你，媽媽過生日的時候，你親手做了一桌菜，爸爸誇你孝順，所以你開心。

這個練習能夠增加你的幸福感，如果堅持練習，你會變得越來越快樂。試想，如果每天你都開心地進入睡眠，相信第二天也能同樣快樂地醒來。

秋香喜歡在路邊擺攤，賣一些簡單的生活用品，每天早上她都會把頭髮梳得很整齊，並在頭髮上戴上鮮豔的絹花，穿著喜愛的旗袍，微笑著坐在攤子後面和客人打招呼。一開始，人

第八章 好情緒，讓小家庭充滿愛與幸福

們看到她這個樣子十分不解，但認識她後，大多都會被她的性情所吸引，進而開始欣賞她，並與之交往。

當秋香有了足夠的積蓄後，她又出乎意料地買了一輛汽車，開始跑長途運輸。結果不幸發生了車禍，導致她的腿留下了殘疾，還因為賠償而欠下了十幾萬的債。

很多人都為她感到惋惜。結果她不但沒有消沉，還重操舊業，再次每天梳著整齊的頭髮，穿著她喜愛的旗袍，在路邊擺攤。看到熟悉的客人，依舊會微笑著和他們打招呼。

無論經歷了怎麼樣的人生起伏，她總是如她打扮自己一樣認真地面對生活的每一天，用快樂的心情來對待生活。

蕭伯納（George Bernard Shaw）說過：「如果我們覺得不幸，可能會永遠不幸。但是我們可以利用大部分的時間想一些愉快的事，來應付日常生活中使我們不痛快的瑣碎小事和環境，從而使我們得到快樂。」所以，想要活得快樂，首先要學會調整自己腦中的一些負面思考方式，每天做快樂練習，多欣賞，少抱怨，用樂觀的心態對待生活。這樣，煩惱就會煙消雲散。

生命中有悲傷也有快樂，這才是完整的人生，如果我們老是想憂愁和事情，人就會活得很累很苦。所以，我們不妨每天都回憶生活中那些快樂的時光。當遇到挫折時，我們就可以用內心最美好的回憶來化解自己的憂愁。

● 充分享受與家人交流的時光

在一項對上班族家庭的調查中,我們發現:55%的調查者認為家庭成員每天用於進行情感交流的時間不足,只有18%的調查者對家庭成員之間的感情交流表示滿意。另外有38%的調查者表示,他們的家庭很少一起看電影或逛街等娛樂活動。

某單位曾對中國五大城市的1,425名居民進行的隨機電話調查顯示,有近四分之一的人除了睡眠以外,每天與家人的相處時間不足兩個小時。即使在這兩個小時裡,交流內容也大多限於低層次的日常問候和生活交流,情感和心靈交流極度匱乏。

現代生活的快節奏,資訊化,使得我們與家人的情感交流越來越少。尤其是很多到大城市工作的年輕人,離鄉背井,逢年過節才回一次家,一回來又有許多的朋友應酬,真正與家人在一起交流的時間非常少。很多家庭由於長期缺乏交流,家人之間的感情疏遠,家庭氛圍變得很壓抑,長此以往,當然不利於家庭成員的心理健康。

32歲的張先生是一家外商企業的經理,因為工作忙碌,他回家後幾乎不說話,倒頭就睡,很少和家人交流。一開始,妻子還很擔心,怕他熬壞了身體,女兒哭鬧著找爸爸時,她也會溫柔地安慰女兒。

第八章　好情緒，讓小家庭充滿愛與幸福

　　時間一長，妻子就懶得管他了。沒回家吃飯？愛吃不吃，反正他常常不在家吃。熬夜對身體不好？沒什麼，反正他經常這樣，現在也沒什麼問題。女兒也因為長時間不和父親交流，與他越來越疏遠。

　　心理學家的研究顯示，和家人交流越少的人，自我滿意度也越低，心理壓力比長期與家人保持交流的人更大。而在工作、經濟壓力越來越大的今天，人們最好的心理支持就是來自家庭，多跟家人進行交流，對緩解壓力有很大幫助。

　　多與家人交流，對自己的身心健康以及家庭的和諧有很重要的意義。一來自己透過與家人之間的互動，相互傾訴，可以排解自身的壓力和負面情緒，同時也加深了家人之間的感情；二來家人之間多交流，尤其是子女多關心年老的父母，對長輩的身體健康有很大的幫助。人到老年階段，尤其需要來自家人的關心，融洽的溝通能夠幫助老年人保持健康的心理狀態。而父母多與小孩交流，更是小孩健康成長不可缺少的一部分。

　　卡倫‧休斯（Karen P. Hughes）曾是美國國務院主管公共外交與公共事務的副國務卿，也是小布希（George Walker Bush）總統競選團隊中最有權勢的女人。這位令人驚嘆的領導者，除了是一位強勢的女性領導者之外，在親人面前還有不為人知的另一面。

　　據說，卡倫經常和她的女性朋友們討論這樣的問題：「身為身處主管職位的女性，如何處理事業與家庭的關係？」在卡倫看

來，正確處理好女性領導者事業與家庭的關係，就需要提高工作效率，留出更多時間和家人相處。如果自己打算每天工作十小時，那麼就不能接受每天工作十五個小時。因此，她即便是在幫助總統競選的時候，也常常致電選舉團，為自己與家人的團聚爭取更多時間。

她曾說過：「工作固然重要，但在我生命中，工作更多是為了生活，因此，工作並不是我生命的全部。我更重要的責任是守護我的家庭，以及我的兩個小孩，工作只不過是為了讓我更好地履行這種責任。如果目前的工作不能滿足我的這種需求，那麼我想我只好另外換一份工作。」

現實生活中，雖然有不少人認為「和家人溝通」很重要，但是苦於各種條件的限制，沒有辦法經常和家人見面。即便如此也無須沮喪，與家人交流的方式其實有很多，有時候一個電話、一封信、一個禮物，都是很好的交流方式。

交流要主動，尤其是長年在外的年輕人，要經常主動打電話回家，多關心自己的父母，透過這種方式來彌補遠距離帶來的交流不便。有些人總是嫌父母嘮叨，厭煩來自長輩的建議。其實某些時候我們不願接受父母的建議，也許是經歷、經驗不同造成的，並不意味著父母的建議是落伍的，學會理解父母，真誠地與父母交流。你慢慢會發現，與父母的感情越來越深厚。

家庭，是社會的基本組成單位。同一個家庭的成員，既有最基礎的社會關係，也具有最緊密的血緣關係。換句話說，家

第八章　好情緒，讓小家庭充滿愛與幸福

人就是這個世界上離你最近的人。家人存在的意義是給你支持和幫助，提供物質和精神上的保障。所以，我們要學會主動與家人溝通，充分享受與家人交流的時光。生活在一個和睦的家庭中，幸福感當然會隨之上升。

● 幸福的家庭總有預設的「家規」

所謂「國有國法，家有家規」，中國人自古注重庭訓家教，像曾子殺豬教子、孟母三遷等故事，早已耳熟能詳。《顏氏家訓》、《曾國藩家書》，還有大家都很熟悉的清代學者朱柏廬先生的〈朱子治家格言〉等，都是古代有名的家規家訓。可見，我們的祖先對家規是看得很重的。

現代社會，「家規」的理念正在慢慢淡化，一些年輕的家長缺少家規意識，這不僅對家庭建設不利，對小孩的成長也沒有好處。而〈朱子治家格言〉這種治家之道，雖然都是出自封建時代的文人筆下，可能有糟粕存在，但也一定具有可借鑑之處。尤其是這種「家有家規」的意識，在今天仍是非常需要的。

曉瑜和丈夫剛舉行完婚禮還不到三個月，就發現自己和丈夫在生活上有許多「不和諧」的地方。為了長遠發展，她決定幫自己的新家制定幾條「家規」。和丈夫商量後，丈夫也覺得很有意思，兩人便坐下來為自己的家制定規則。

經過兩人的綜合意見，最終列出十二條「家規」：

1. 吵架不過夜；
2. 在別人面前，永遠保持一致；
3. 每月至少有一次夫妻單獨活動；
4. 除出差之外，週末必須陪伴家人；

第八章　好情緒，讓小家庭充滿愛與幸福

5. 離家出走的範圍僅限於所住社區；
6. 絕不說雙方親人的壞話；
7. 每年至少送對方一次禮物；
8. 生氣時，不接對方電話的次數只限於三次；
9. 每週至少親熱一次；
10. 永遠不說「離婚」；
11. 就事論事，絕不秋後算帳；
12. 至少培養一項共同嗜好。

之後，兩人都嚴格按照「家規」行動，一開始還有一些彆扭，一段時間後，兩人都明顯感覺到生活比以前更加快樂，婚姻的幸福感也明顯提高了。

家規是一種文明和進步的展現。如果細心觀察，我們不難發現，那些看上去很融洽很和諧的幸福家庭，總會有那麼一些家庭成員一致遵循的「家規」。

比如說有些家庭規定在吃飯的時候不看電視，大家圍著飯桌談論各自一天的生活、學習或者聽到的一些趣聞，彼此交流意見和看法。這樣的家規不僅沒有使得大家覺得無聊或者不自在，反而幫家人提供了一個難得的交流空間，創造良好的家庭氛圍。

有的家庭則規定家人之間見面一定要打招呼，不論長輩或晚輩。乍聽會覺得這樣的規定很煩，因為家人生活在一起，整

幸福的家庭總有預設的「家規」

天低頭不見抬頭見,沒有必要人人都要打招呼。但事實證明,這樣的規定更容易幫家庭帶來一種相互尊敬的氛圍,打招呼不僅是禮貌的展現,更是家人之間表達彼此關心的表現。

另外,家規不是說只要小孩遵守,長輩可以不受約束,而是人人平等,對每個家庭成員都有同等的約束力,這展現一種家庭的民主。民主的家庭更加利於家人的和諧交流和小孩的健康成長。

2016年3月,一名報社記者對一個四代同堂的大家庭進行了採訪。家中一共有三十三人,而已經有二十六人在工作。論工作,這個大家庭中有八位公務員,兩位國營企業主管,一位大學教授,三位商界菁英,一位高階工程師,一位美國大企業副總裁,一位高中老師;論學歷,這個大家庭中有三位博士研究生,五位碩士研究生,十位大學生,兩位高中生。

記者對此非常驚訝。了解後才知道,這一切都要歸功於老一代人在七十多年前制定的兩條小小的家規。

在1938年的8月15日,是這個大家庭的大家長結婚的日子。當時,這兩個新婚夫婦就約定:以後生下的小孩第一不准抽菸,第二自己沒賺錢之前不准喝酒。就這樣,兩條小小的家規從此傳承了下來,並教育一個大家庭中的三十多人走上了正確的人生道路。

其實家規不一定非要形成文字,如果用文字表述,堂堂正正地貼在牆上,反而顯得刻板和嚴肅,尤其對小孩來說,他可

第八章　好情緒，讓小家庭充滿愛與幸福

能會覺得這是專門針對他而訂的，很可能會產生反抗心理。

　　這個時候，父母應該引導小孩正確理解家規的重要意義，制定家規的最終目的就是：讓小孩自發性養成良好的習慣，讓每一個家庭成員都能愉快地一起生活。幸福的家庭應該是融洽、輕鬆、和諧的，而一個幸福的家庭一定會有大家預設並且自覺遵守的家規。

　　需要強調的是：家規不應只停留在文字上，而是所有家人在相處過程中共同形成的良好習慣。如果能夠在潛移默化中規範家庭成員的一些行為習慣，大家互相尊重、愛護、體諒，那麼這個家庭一定會是幸福的。

● 適時表達對伴侶的感激之情

「請」、「謝謝」、「對不起」……這些都是我們從小就從父母、老師那裡學到的基本禮貌用語，我們每天可能要說無數遍。但是，當我們下班回家後，還會對親密的伴侶說這樣的話嗎？可能多數人是不會的！

工作了一天，你拖著疲憊的身體回到家，伴侶幫你脫掉外套，換上拖鞋，然後遞上一杯清涼的飲料，多麼愜意；你因為工作上的事與同事鬧得不愉快，帶著鬱悶的心情回到家，板著一張陰沉的臉，伴侶知道你心情不好，靜靜地聽你傾訴……這些都展現了家庭的溫馨。然而，當你接受這些服務時，是否會向對方說一聲「謝謝」？

或許你認為，都是一家人，說「謝謝」也太生分了。事實上，一句簡單的「謝謝」、「請」，看似只是小事，卻能展現出夫妻之間的互相尊重與感恩。從心理學的角度上來看，夫妻之間的一聲「謝謝」，並不是客氣，而是一種愛的表示。

有一對年輕的夫妻，每次妻子洗了衣服，丈夫抓起來就穿上，從不道謝。久而久之，妻子就覺得心裡很不舒服，尤其是心情欠佳時，就會忍不住數落丈夫：「穿著乾淨的衣服，怎麼不想一想別人的辛苦呢！」漸漸地，抱怨演變成爭吵，有時還會發展成家庭戰爭。類似的事情不斷重演，對家庭生活造成了很大

第八章 好情緒，讓小家庭充滿愛與幸福

的影響，直到有一天，朋友點破其中的奧祕：「為什麼你們兩人不多說『謝』字呢？」

後來，丈夫想請妻子做事情的時候，總不忘加上一個「謝」字，比如丈夫想請妻子幫忙倒水時會說：「有空幫我倒杯水，謝謝！」從那以後兩夫妻就很少因為這種小事而爭吵，夫妻生活中也多了一份尊重和感恩。

家庭生活中多點「感謝」，並不會顯得彼此客套，反而會讓家庭中的氣氛輕鬆許多。有了感謝，你會發覺彼此的數落少了，關心多了。

當然，我們也不用很正式地在某種場合對伴侶表達謝意，這樣反而顯得刻意。這種感激應該是潤物細無聲的，是在日常生活的點滴之中自然而然地產生的。在伴侶為自己付出的時候，習慣性地說一句「謝謝」，或許就會成為生活的潤滑劑，以免除生活中的許多衝突。

肖女士剛開了家服裝店。為了經營好店面，肖女士每天早出晚歸，回到家已經是精疲力竭，根本沒時間教育小孩、照顧家庭。當兒子在期中考失利時，丈夫就抱怨她忽略了兒子的學業問題。

一開始，肖女士還覺得很抱歉，但時間一長她就不高興了：小孩是我一個人的嗎？兒子的成績你就沒有責任嗎？一個抱怨，一個不服，兩人難免發生口角，家裡也逐漸失去了往日的溫馨。肖女士向朋友哭訴自己的委屈，朋友問她：「他這段時間

適時表達對伴侶的感激之情

整天除了抱怨,別的什麼也沒為你做嗎?」

她開始回想:自開店以來,每天都是丈夫做好晚飯等我回家;每次進貨都是丈夫提前幫我買好車票;每次忙到半夜,都是丈夫接我送我;出門在外,是丈夫一遍遍叮囑我注意安全⋯⋯她忽然想通了,丈夫已經為她做了這麼多,自己難道不應該感謝他嗎?

於是肖女士回家為丈夫和小孩做了一桌飯菜,並真誠地向丈夫道謝,感謝他的支持和理解;感謝他在工作繁忙的情況下,推掉應酬回家煮飯,照顧小孩。肖女士看到丈夫的臉慢慢紅了,臉上也露出了滿足的笑容。

夫妻兩人一起生活,都在為彼此付出,卻很少把「謝」字說出口,即使是心存感激,也覺得沒有表達的必要。當遇到不順心的事情時,抱怨、牢騷就脫口而出,沒完沒了。但如果我們能適時向伴侶表達自己的感激之情,就能在一定程度上避免這種情況的發生。大家都說女人靠「哄」,三句好話,做牛做馬也願意。同樣的,男人也是,多說點好話給他聽,真誠地對他說一聲「謝謝」,衝突就會被化解。

當伴侶為你做了一件事,不管那是需要花很多時間的「大事」,還是很容易做的「舉手之勞」,你都可以向他(她)表示你的感激。一方面這表示伴侶對你好,你都放在心上;另一方面,也可以讓伴侶學會將你的付出都放在心上。舉些例子,丈夫把碗洗好了,你拿一張擦手紙或一條毛巾給他,對著他甜甜一

第八章　好情緒，讓小家庭充滿愛與幸福

笑，說：「謝謝你，辛苦了！」妻子遞給你一杯茶，你馬上說：「啊！謝謝！你怎麼知道我正想喝？」

說謝謝不只是一種尊重，更是一種感恩，感恩對方的愛，感恩對方付出的一切。有了這樣一顆「感恩」之心，夫妻就會相處地更和諧。

● 和睦的家庭說話時總是輕聲細語

　　如果我們認真觀察周圍的家庭，就會發現這樣一個現象：那些脾氣溫和、對小孩說話柔聲細語的家長們，通常會為小孩營造一種快樂的家庭氛圍；而那些脾氣暴躁，習慣對小孩大聲喝斥的家人們，為小孩帶來的則是冷漠的家庭氛圍。

　　心理學家認為，家庭中的許多摩擦與家人說話的語調有很大關係，一般情況下，當我們用較高的語調說話時，更容易引起家人的反感。但是，當我們處於憤怒狀態時，難免會高聲說話。這種時候，如果我們可以試著壓低說話的聲音，就可以在一定程度上緩解緊繃的情緒。

　　美國成功學家奧里森·馬登（Orison. S. Marden）說過：「容易動怒或是稍有牴觸即怒氣沖天的人，很少會意識到，若是任由憤怒的火焰肆無忌憚地蔓延，神經細胞就會被燒得短路，從而損害腦部敏感的機制。漸漸地，他們就會變得難以自控，就像一個火藥桶，隨時都有爆炸的可能。要知道，沒有什麼會比在憤怒時表現出的卑鄙與齷齪的品行更讓人覺得羞恥的了。」因此，在日常生活中，我們都應該保持一種輕聲細語的說話方式。一來是尊重別人，照顧別人的感受，二來也是表現自己良好修養的方式。

　　如果所有家庭成員都一致同意，在彼此說話之時不提高音

第八章　好情緒，讓小家庭充滿愛與幸福

量，那麼，家庭中的很多衝突就可以避免了！比如媽媽有經常責罵小孩的習慣，那麼在你求知若渴的小孩面前，不妨收斂你的情緒，用親和的語調與充滿愛意的言辭，輕聲朗讀奇幻書籍上的內容，相信小孩會更加喜歡你。比如當妻子看到丈夫總是將臭襪子亂丟，或者老是玩遊戲不願意做家務的時候，不要大聲指責他，而是用溫和的語氣與他溝通，真誠地給他提一些小建議，幫助他養成日常整理物品和幫忙做家務的好習慣，相信這種做法丈夫也會更容易接受。

說話輕聲細語不僅有利於我們更好地解決家庭衝突，形成良好的家庭氛圍，還會對每個家庭成員的身心健康產生良好的促進作用。

有一位老婦人，總是保持嚴肅的表情，鄰居的小孩都害怕她，每次遇到她總是遠遠地避開。

有一天，她去照相館照相。在相機面前，這位老婦的表情依舊嚴肅。攝影師看到她這副表情時，便說：「太太，請給你的眼神一點光。」她努力按照攝影師說的做。

「臉上更加舒展點。」攝影師輕鬆地說，帶著自信與命令的語氣。

「年輕人，你這麼對一個沉悶的老人發號施令，讓人無法笑出來。」

「喔，不，不是這樣的。你必須是要從心底覺得放鬆。再試一次，好吧。」攝影師用平緩的語調說。

和睦的家庭說話時總是輕聲細語

她再次嘗試了一次,這次比上次進步了許多。

「好!不錯!你看上去年輕了20歲。」攝影師繼續用親切而真誠的聲音讚嘆道。

這是她丈夫離去之後,別人對她的首次讚美,這種感覺還真不錯,老婦人帶著一種愉悅的心情回家。照片沖洗之後,相片中的她彷彿獲得了第二次青春,臉上帶著久違的熱情。她久久地注視著照片,心裡想著如果我能做到一次,那麼也可以再做一次。

她站在鏡子前,平靜地說:「凱薩琳,笑一下。」蒼老的臉上再次閃現出一道光彩。

「笑得燦爛點!」她用溫柔的語氣對自己說道,臉上也隨之展現出一抹富有魅力的笑容。

鄰居很快就注意到她的變化,都私下問她:「凱薩琳女士,您怎麼一下子就變得好像年輕幾歲了,您是如何做到的?」

老婦人溫和地說:「這一切都要從說話做起,輕聲細語可以讓人內心更愉悅。」

老婦人從攝影師那裡發現了輕聲細語地對自己和他人說話的重要性。當我們輕聲細語地說話時,我們的面部表情就會很自然,會給人一種輕鬆的感覺,人當然會顯得年輕一些。與之相對的,當我們大聲地用命令的口吻說話時,我們的面部表情就可能會變得很猙獰,給人一種壓抑的感覺,人也會顯得老了很多。

第八章　好情緒，讓小家庭充滿愛與幸福

另外，科學家發現，在日常生活中，如果人們習慣用響亮的聲音說話，很可能會影響體內免疫系統的運作。尤其是對老人而言，一直大聲說話，對其身體健康影響的程度更為嚴重。相較之下，習慣輕聲細語講話的人，性格通常比較隨和，受外部環境的影響較小，其長壽的可能性也更大。

總而言之，我們要學會在家庭交流中溫和地表達自己的觀點，不與家人發生爭執。和睦的家庭需要這樣一種輕聲細語的溝通方式來營造和諧的家庭氛圍，而生活在這樣舒適的語言環境中，我們的身心都會更加健康。

● 溫馨的幸福藏在平淡的生活裡

結婚以前,很多人可能已經談過各式各樣的戀愛,感受到戀愛帶來的幸福。但結婚之後,那些戀愛時的如膠似漆、你儂我儂彷彿都消散了,好像有了法律保障後,組成一個家庭的兩個人反而變得不知道該如何相處了。男人這時候對女人的要求變多了,要求對方洗衣、煮飯、打掃房間;女人這時候覺得男人不再愛自己,簡直把自己當成了「免費保母」。之所以產生這些不一致的觀念,其實是因為我們沒有做好從愛情到家庭的思維轉變。

愛情是神聖的,戀愛的時候兩個人恨不得天長地久永不分離,可以給我們無數個結婚的理由。但在結婚之前你必須問問自己,你做好整日操心柴米油鹽醬醋茶的準備了嗎?你有充分的物質基礎去營造一個溫馨、幸福的家庭嗎?你能應對各種可能出現的家庭問題嗎?最重要的是,你愛著對方,並能到永遠,對方也能一如既往地愛著你嗎?在愛情面前,這些都顯得那麼世俗,但不得不承認,現實就是這麼俗氣。

所以,當你決心和一個人走入婚姻殿堂、共建家庭時,你需要做很多準備,你需要放棄很多東西,你需要為這個家奉獻很多心力。當然,你即將得到的也有很多,親密的伴侶,可愛的小孩,幸福的生活⋯⋯但這些是需要兩個人共同付出才能得到的。

第八章　好情緒，讓小家庭充滿愛與幸福

　　宋凱和妻子相識在大學的校園，相戀三年後步入婚姻的殿堂。婚後的生活由甜蜜到平淡，日子毫無波瀾。直到兩人結婚的第七年，妻子在外面遇見一個「異性知己」，差一點成了她的外遇對象。結婚的幾年裡，妻子總是不修邊幅、不愛出門，躺在沙發上可以一天不吃飯⋯⋯但在遇見那個人後，她每天早上出門都要畫很精緻的妝容，且經常外出，有時候很晚才回家⋯⋯

　　宋凱察覺到妻子的變化，便問她：「你是不是在外面遇到欣賞你的人了？」

　　「是。」

　　「那是好事啊！但是要注意掌握好『尺度』。」

　　「怎麼掌握尺度，發展到跟你離婚可以嗎？」妻子好奇地問。

　　「不行，我就不跟你廢話了。」

　　他補充說：「兩個人結婚，日子久了，彼此熟悉到一定地步，當然沒有了新鮮感，但這是婚姻的常態，從激情到平淡。現在你遇見這個人，他給了你婚姻生活裡沒有的新鮮感，你就覺得他好，我們不好。但如果你跟他結婚過上幾年，就會發現我們的今天可能就是你們的明天，而且還不如。因為我們從一開始就是平等的，一起買房組建家庭，你和我，賺來的每一分錢都給了我們的家。你和他呢？從一開始就是兩家人，你有兒子他有女兒，誰都想多占便宜，永遠分配不均。有激情時，當然能糊裡糊塗地過，但等激情沒了，對方就成了外人，到那時

候，你就後悔了！所以，你要是覺得跟他一起更好，你就去吧。」

聽了宋凱的一席話，妻子才醒悟，自己這段時間的做法是多麼愚蠢。妻子一把抱住他，緊緊地抱著，眼淚一下流了出來。從那以後，妻子再也沒說過離婚。兩人的日子依然平淡，但也透著溫馨幸福。

婚姻是由兩個人組建而成的家庭，是男女雙方自願建立的「合作關係」。這種合作裡面更多的是責任，而不是浪漫和激情。奢求太多了，人就會變得挑剔，一旦開始挑剔，家庭就會產生危機，婚姻就不能長久。

比如有人會覺得自己每天都過著緊張忙碌的日子，壓力非常大，需要有人替你分擔重擔，排解憂愁，但伴侶對你的煩惱毫不關心，甚至還要你做這做那，這讓你覺得委屈，因為戀愛時他總會在你難過時替你分憂解愁，會想盡一切辦法逗你開心，為什麼結婚了他就不再對你那麼好了？

是他變心了嗎？當然不是！這只是因為在結婚後，身為家裡的棟梁，你的丈夫必須要肩負起他的責任，他需要在工作上更加努力，他想給你和小孩一個更好的經濟條件。所以，你不能因為他沒有以前那麼細心，就否認他對你的愛。又或者是因為他在工作中遇到難以突破的瓶頸，對你稍有疏忽你就滿心抱怨。我們應該用成熟的態度去面對婚姻，而不是只知索取不知奉獻。

第八章　好情緒，讓小家庭充滿愛與幸福

　　婚姻生活中的幸福需要我們小心去維護，比如在下班回家時給對方一個擁抱，或者在紀念日送對方一個小小的禮物等等，都是大家輕而易舉就能做到的事情。婚姻本就是細水長流的東西，愛的一點點的累積，變成愛的習慣，這將讓我們的愛越久越留香，家庭當然會越來越幸福。

● 理解幸福，從認識內在開始

關於幸福，每個人都有不同的理解。你是如何理解幸福的呢？為什麼事業的成功讓我們擁有了舒適的生活，卻沒有相應地增加幸福的感覺？

「6年前，我是按部就班過日子的基層員工，每天規劃著要自己做老闆；6年後，我成立了屬於自己的公司，事業有成，卻想回到朝九晚五的生活。吾生有涯，規畫無涯。當我們尚未弄清自己真正想要的是什麼時，生涯規畫往往顯得飄渺且無用。」

這樣的情況屢見不鮮，一些人原本生活簡單並樂在其中，在物質滿足之後煩惱卻紛至沓來，於是又渴望過回原來的生活。這究竟是心境的變化，還是人生的悖論？

暢銷書《轉彎遇到幸福》的作者認為，人活著最大的意義就是，幸福地活著，並為他人帶來幸福。在作者的想像中，一個事業上獲得成功的人士，應該十分幸福。然而，走進他們的生活才知道，這些成功人士中的大部分人，其幸福的程度還不如一般人。這些人甚至厭惡自己的事業，不知道自己整日忙碌是否有意義。基於這些思考，作者用了很大的篇幅討論成功與幸福的關係，表示成功與幸福其實是兩種不同的東西。然而，在大多數人眼裡，它們大有關聯，認為沒有成功絕對沒有幸福，有了成功就一定幸福。殊不知，把心思全用在成功上的人，絕

第八章　好情緒，讓小家庭充滿愛與幸福

對難以幸福。就像作者所說的，「成功更多的是從結果來定義，而幸福更多是從狀態來定義」。

宋天齊剛畢業的時候，每月的薪資只有不到三萬元。他住在公司提供的宿舍，吃著公司餐廳裡50塊錢的三菜一湯，空閒時候騎著腳踏車和女朋友一起穿梭在城市的大街小巷，運氣好的話，還能挖到一些絕版CD，日子過得忙碌而規律。他覺得這就是最幸福的事。

後來，宋天齊的事業突飛猛進，他的年薪已經跨越了百萬。在這個過程中，他和相伴三年的女友結了婚，有了一個可愛的小孩，買了一棟三百坪的透天，又豪擲百萬買了輛名車，過著令多數人羨慕的日子。與此同時，為了擴展自己的事業版圖，宋天齊開始頻繁加班，有時甚至忙得連續幾個月不能回家，與家人的聯絡也越來越少。

某天，他接到父親病重的消息。看著躺在病床上的父親，他才發現父親已經老了，鬢鬢白髮、滿臉皺紋。再看看身邊的小孩，小小的人一臉冷漠地站在一邊，看著自己就像在看一個陌生人，沒有半點親暱。就連妻子做的飯菜，他也很久沒吃過了。

他突然有些茫然，自己在外拚死拚活的工作，不就是為了賺錢，為了獲得更好的生活嗎？為什麼自己現在超過百萬年薪，日子卻過的還沒有「三萬元時期」更幸福？

現代社會，人們都重視成功，追求成功，理所當然地認為

成功是人生最重要的目標，成功學的講座總是爆滿。對於幸福或幸福感，人們卻總是忽視，如果有人舉辦幸福感的講座，恐怕聽的人，尤其是年輕人，將不會有多少。

許多人總會潛意識地認為，成功和幸福是有關聯的：成功了才有幸福，不成功的人哪有幸福可言。這是一種不正確的看法。其實成功並不等於幸福，而且，成功了也並不代表就能擁有幸福。

所謂成功是指實現了你的既定目標，你的某種願望實現了，你把事情辦成了。比如你透過努力工作獲得收入，最終你的目標實現了；或者你的目標是發表論文，經過努力論文發表了，這些都是成功。成功是指你的努力有所回報，你的投入產生了效益。而幸福則是你的心理上的一種快樂感受。你的身心舒適自由，與家人相處和諧。幸福更多是從狀態來定義的。幸福，可以是與心上人一起在晚上散步的美好；也可以是和家人逃脫了城市的車流，呼吸著山林新鮮空氣的舒適；可以是假日和朋友在海邊消磨著時間，晒太陽的快樂；也可以是和伴侶一起全身心投入地看電影的溫馨……幸福是我們內心深處自然而然地感受到的，並不是靠事業成功獲得的。

不要把事業成功與幸福掛鉤，每個人都渴望獲得成功。有的人為了獲得更好的生活，擁有更好的經濟基礎而每天拚命工作，甚至賠上自己的健康和與親人相處的機會，可是等到他們物質富足了，卻並沒有感覺到幸福快樂。

第八章　好情緒，讓小家庭充滿愛與幸福

　　金錢買不來快樂和幸福，相信你也會認同這一點。所以，在處理家庭和事業關係的時候，我們要了解工作只是我們獲得生活資料的一種工具，它的最終目的是服務於我們的家庭，為我們的家庭創造更好的條件，我們不能捨本逐末，為了工作去忽略自己的家庭，了解這一點，你離幸福也就更近了一步。

讀懂「我不要你管」的真實含義

案例一

李琳和她男朋友王陽是大學認識的,但是父母因為王陽出身農村,一直不同意他們兩個人在一起。為此,李琳每次回家都要忍受家中父母的責備,為了兩人的將來,她不知道費了多少口舌。

每次在父母那裡受了委屈,李琳就會問王陽:「如果我爸把我趕出門,你會管我嗎?」對方也會堅定地回答:「當然會管,我永遠不會不管你。」聽到自己想要的答案,李琳又會嬌嗔地回一句:「哼,我才不要你管。」然後兩人相視一笑,兩人世界的甜蜜不言而喻。

案例二

前兩天,劉女士發現10歲的兒子作業沒寫完就去玩電腦,她一時生氣就過去關了電腦,並責罵了兒子兩句。沒想到兒子竟對著媽媽大罵:「我不要你做我媽媽了,以後我不要你管。」接著,兒子又質問道:「你自己還不是這樣,天天上網看小說、看電影,說話不算話,還老是管東管西……」兒子羅列了媽媽的一堆「罪狀」。

第八章　好情緒，讓小家庭充滿愛與幸福

劉女士想解釋一下，告訴他「媽媽是為你好」，結果劉女士說一句兒子頂三句，跟小時候的「乖寶寶」形象比起來簡直是天差地別。兒子的「控訴」讓劉女士有些不知該如何是好。更令她感到意外的是，兒子竟然真的幾天都沒理她，每天見到她都是一副「我沒看見你」的表情，甚至連吃飯都不願意跟她同一桌。

「我不要你管」，生活中我們偶爾會聽到這樣的一句話，它常常是出自身邊的女人或者小孩。聽到這句話的時候，我們總有一種無奈和氣憤，但是，我們是否認真的反省過，我們真的讀懂「我不要你管」的真實含義了嗎？

「管」在情感世界中應用很是廣泛。一個「管」字所引申出來的多種含義，假若男性真能理解，可省去情感世界中不少的麻煩。

1. 兩人鬧了彆扭，女性會說：「我不要你管。」這裡的「管」是「理睬」的意思。

2.「我爸媽真的很煩，總是要管我。」這裡的「管」是「控制」的意思。

3.「你最好不要管我（的事）。」這裡的「管」是「插手」的意思。

4.「你到底管不管我嘛？」這裡的「管」是「關心和照顧」的意思。

5.「你平時多管管我吧。」這裡的「管」是「督促」的意思。

讀懂「我不要你管」的真實含義

　　有時在複雜的情境下，這五種意思可以相互變動，然而無論如何，情感的滲透交叉總是這裡的主旋律，以上只不過是旋律的變化和節奏的調整。

　　如果你的女性伴侶對你說這句話，可能只是在任性撒嬌，其實並沒有多麼生氣。這種情況屬於鬧脾氣，並不用太在意。但是如果對方很認真或者帶著很強烈的情緒在說這句話，那表示你在某一方面一定讓對方覺得很失望、氣憤，比如說如果你經常在她的耳邊數落她的不是，可能就會引起她的反面情緒，覺得被束縛，因為愛情失去了自由。

　　如果她本身是女強人的性格，她們不希望被人管，討厭被人管。因為性格的獨立性，她們對婆婆媽媽之類的瑣事不是很在乎，在她們的話語中，用到前面 2 和 3 的這兩種情況的「管」機率比較高，倒是很少出現 1 和 4 的說話方式。這個時候你要適當反省一下自己，是不是給對方的空間太小了，製造的壓力太大了，是不是需要適當調整雙方的關係，保持一種互相理解、互相信任的心態。

　　身為父母，如果小孩經常對你說「我不要你管」，那可能是小孩的叛逆期到了。小孩在成長的過程中會出現多次的心理叛逆期。在叛逆期階段，小孩會十分嚮往自由和獨立，對父母的管教行為也會異常反感和抗拒，這些都屬於成長過程中正常的心理階段。在這個時候，身為父母不能一味採用強硬的命令式的口氣跟小孩交流，應該採用柔性的溝通方式，讓小孩感覺你們

第八章　好情緒，讓小家庭充滿愛與幸福

是在「平等的交流」，而不是「管」。同時父母應該以身作則，引導小孩形成一些良好的習慣，不能縱容一些不良習慣的產生。既要達到教育小孩的目的，同時也要顧及小孩的心理感受，不要讓小孩有被約束和限制的感覺。

「我不要你管」，一句很平常的話語中就蘊含著多層含義，更不用說生活中的其他語言。無論是和朋友還是和家人相處，我們都應該時刻留意，學會理解對方想要表達的真實情緒，並正確應對，這樣才能減少彼此的誤會。

● 控制好情緒，幸福不請自來

一次聚會中，酒過三巡，一個男人喝醉了。他的妻子在旁邊勸道：「老公，別喝了，你已經醉了。」旁邊一個朋友聽到後，嘲諷似的笑了笑，說：「不行啊大哥，你這都變成『妻管嚴』了。」

男子漢大丈夫，在朋友面前丟臉豈不是可笑？於是他不顧妻子的勸阻，一次次端起酒杯。為了他的身體著想，妻子又勸了一句：「別喝了，要不然胃要受不了了。」男人卻被嘮叨得煩了，張口朝妻子怒吼道：「你給我滾！」

妻子又委屈又生氣，哭著跑了。男人瞬間清醒，連忙追出去，卻看到妻子被車撞飛的一幕⋯⋯

你有因為自己的情緒失控而後悔過嗎？相信這個男人一定是後悔的，但後悔有用嗎？

仔細想想，世間能讓我們順心如意的事情原本就少，能對我們事事關心的人更是不多。如果我們總是口無遮攔地將自己的不滿、通通發洩到愛我們的人身上，後果將是不堪設想的。就像人們經常說的：「如果道歉有用的話，還要警察幹什麼？」雖然這只是一句玩笑話，卻也暗示了當一個人的壞情緒無法控制後，可能會造成多麼嚴重的後果。

正因為如此，英國詩人約翰・米爾頓（John Milton）才會說：「一個人如果能夠控制自己的情緒和欲望，那他就勝過國王。」

第八章　好情緒，讓小家庭充滿愛與幸福

所以，無論我們處於什麼樣的環境，無論我們遇到什麼樣的事情，控制好自己的情緒都是必要的。

控制情緒的過程需要我們學會忍耐，有時甚至會有一種痛苦的感覺，但它的結果一定是好的。正如法國思想家盧梭所說的：「忍耐是痛苦的，但它的果實是甜蜜的。」當然，如果你一時忍耐不住，讓情況失控了，那就要想好補救措施。

李陽是一家外商企業的經理，每天都有很多工作要做，忙得不得了。這天，他剛回家，兒子就撲了上來：「爸爸，爸爸，陪我下象棋吧！」李陽又累又煩躁，就對兒子說：「去找你媽媽吧。」

當一家人一起吃完晚飯，妻子請他幫忙洗碗的時候，他忽然覺得很生氣：「我每天都忙得要命，你還讓我做這做那，我就想睡個覺不行嗎？！」妻子覺得很委屈，默默地掉淚，兒子也乖乖地進了房間。李陽覺得自己剛才有些過分又不好意思道歉，於是這一夜全家無眠。

第二天，李陽為了彌補自己的錯誤，他特地早早下班，去蛋糕店拿訂好的蛋糕，為兒子買了他最喜歡的玩具，路過一家花店的時候又買了一束紅玫瑰。回家後，他把玫瑰花送給妻子，為昨晚自己的情緒失控道歉：「對不起，娶了你就是我最大的幸福，我每天都要帶給你幸福。但我卻對你發脾氣，請你原諒我。」妻子又驚喜又感動，於是一家人和樂融融地吃了晚飯，又一起分享了蛋糕。

在家庭生活中,我們需要控制自己的情緒,不向自己的家人亂發脾氣,來維持和諧的家庭氛圍。但是如果你一時沒忍住,讓自己的情緒失控了,及時採取補救措施也不失為一種良方。舉個例子,如果你不小心對著伴侶亂發脾氣,你可以及時道歉,幫忙做家務或者為伴侶買一些他們喜歡的小禮物來彌補;如果你忍不住對著自己的小孩發火,把小孩嚇哭了,你可以透過陪小孩看他喜歡的卡通或者帶他去動物園等方式讓小孩重新變得高興。

其實幸福就在你的一念之間,只要你稍稍控制一下自己的情緒,多想一想負面情緒會替自己和家人帶來的傷害,這樣一來,我們就能有效控制自己的情緒,讓自己從負面情緒中掙脫出來,大大減輕你的家人所受的傷害。因為在控制情緒的背後,隱藏著讓幸福不請自來的祕密,這也是每個追求幸福的人所要遵循的準則。當你真正這麼去做的時候,你會發現,你的家庭並沒有那麼多衝突,幸福其實很簡單。

家庭最大的功能就是讓每一個回到這裡的家人都能得到歸屬感和信任感。在這裡,你的快樂有人與你分享,你的悲傷有人與你共擔,你的痛苦有人幫你治癒,你的煩惱有人幫你驅散。無論在什麼時候,它都是你最溫暖的港灣。我們必須要用心經營、小心守護。這種經營不只是物質層面上的,更是精神層面上的。比如控制自己的情緒,不亂發脾氣,多多關心家人等等。只要大家能夠互相理解,互相體諒,幸福自然不請自來。

國家圖書館出版品預行編目資料

遠離「踢貓效應」，親密關係修復法：擺脫負能量、學會愛的表達、練習有效對話⋯⋯修復家庭關係的第一課，從「情緒管理」開始！/ 王寧 著 .-- 第一版 .-- 臺北市：樂律文化事業有限公司, 2025.04
面； 公分
POD 版
ISBN 978-626-7699-08-9(平裝)
1.CST: 家庭關係 2.CST: 家庭心理學
544.1　　　　　　　　　114004009

遠離「踢貓效應」，親密關係修復法：擺脫負能量、學會愛的表達、練習有效對話⋯⋯修復家庭關係的第一課，從「情緒管理」開始！

作　　者：王寧
責任編輯：高惠娟
發 行 人：黃振庭
出 版 者：樂律文化事業有限公司
發 行 者：崧博出版事業有限公司
E - m a i l：sonbookservice@gmail.com
粉 絲 頁：https://www.facebook.com/sonbookss/
網　　址：https://sonbook.net/
地　　址：台北市中正區重慶南路一段 61 號 8 樓
8F., No.61, Sec. 1, Chongqing S. Rd., Zhongzheng Dist., Taipei City 100, Taiwan
電　　話：(02) 2370-3310　　傳　　真：(02) 2388-1990
律師顧問：廣華律師事務所 張珮琦律師
定　　價：375 元
發行日期：2025 年 04 月第一版
◎本書以 POD 印製
Design Assets from Freepik.com